Veit Lindau

HEIRATE DICH SELBST

Wie radikale Selbstliebe unser Leben revolutioniert

kailash

Sollte diese Publikation Links auf Webseiten Dritter enthalten,
so übernehmen wir für deren Inhalte keine Haftung,
da wir uns diese nicht zu eigen machen, sondern lediglich auf deren Stand
zum Zeitpunkt der Erstveröffentlichung verweisen.

 Dieses Buch ist auch als E-Book erhältlich.

Verlagsgruppe Random House FSC® N001967

11. Auflage
Originalausgabe
© 2013 Kailash Verlag, München
in der Verlagsgruppe Random House GmbH,
Neumarkter Str. 28, 81673 München
Lektorat: Anne Nordmann
Umschlaggestaltung: ki 36, Sabine Krohberger Editorial Design, München
Illustration: Bettina Stickel
Satz: Satzwerk Huber, Germering
Druck und Bindung: Print Consult GmbH, München
Printed in Czech Republic
ISBN 978-3-424-63073-2
www.kailash-verlag.de

Besuchen Sie den Kailash Verlag im Netz

Befreie Deinen Geist.
Fühle alles.
Mach Dich glücklich.
Erkenne Deine Werte.
Sei Dir in Deinen Taten treu.
Erwache.

JOIN THE REVOLUTION

An alle da draußen, die sich noch nicht dem Zynismus
hingegeben haben.
An alle, die sich für Frieden und Umweltschutz engagieren.
An die, die unsere Welt retten wollen.
Tu der Welt einen Gefallen und rette zuerst Dich.
Mach Frieden mit Dir.
Nimm Dich an.
Begrüße Deinen Schatten.
Umarme Deine Schwächen.
Heile Deine Wunden.
Befreie Deinen Geist.
Lass los, was Dir schadet.
Wähle, was Dich stärkt.
Dieses JA! zu Dir ist ein revolutionärer Akt.
Sei Dir treu.
Heirate Dich selbst und Du bist frei.
Was unsere Welt braucht, ist Liebe.
Und die beginnt mit Dir.
Liebe Dich!
... und Deine Liebe rettet die Welt.

DEINE WAHL

Ich bin bereit, mich selbst zu lieben.
Ich bin bereit, mir treu zu sein.
Ich bin bereit, vollständig in mir anzukommen.

DEIN NAME

INHALTSVERZEICHNIS

DIE ZWEITE TUGEND: FÜHLE ALLES   77

Befreie die tiefe Kraft Deiner Emotionen

DIE FÜNFTE TUGEND: SEI DIR IN DEINEN TATEN TREU 179

Wie Du Deine innere Wahrheit in äußere Realitäten verwandelst

DIE SECHSTE TUGEND: ERWACHE 215

Entdecke, wer Du wirklich bist

PROLOG

Der Weg raus führt hinein

Splitternackt, schlammverschmiert und mit weit ausgebreiteten Armen stand er auf einer Waldlichtung am Bodensee, am Rande eines anthroposophischen Dorfes. Sein Körper war erschöpft, sein Geist hellwach. In dieser Vollmondnacht sollte seine Suche endlich ihr Ende finden. Er sehnte sich so stark danach. Die Welt ödete ihn an. Er wollte nur noch nach Hause.

Seit seiner Kindheit empfand er einen stillen, namenlosen Verlustschmerz. Überall hatte er nach dem fehlendem Puzzleteil gesucht, im Sport, im Sex, in der Politik und der Religion. Er hatte oft genug seine Partnerinnen gewechselt, um schließlich zu kapieren, dass keine Frau ihm geben konnte, was ihm fehlte. Er heulte die Couch seines Therapeuten nass. Er versuchte, die Dämonen seiner Kindheit zu erschlagen. Er hüllte sich in Hippieklamotten und bemühte sich, die bessere Frau zu sein. Natürlich wendete er sich auch allen möglichen Lehrern zu, beamte sich in andere Sphären und redete sich ein, dass es ihm nur um Bewusstseinserweiterung gehe. Er verbog sich auf einer Yogamatte zu einer OM-summenden Brezel. Während andere im See badeten und laue Sommernächte durchfeierten, schwitzte er seine Wut auf einem Meditationskissen im buddhistischen Kloster aus. Alles, was er wollte, war die Befreiung von diesem nervigen Ich.

Fünfzehn Jahre hatte ihn die quälende Sehnsucht nach Vollkommenheit umhergetrieben – in fremde Länder und in Depressionen. Er fahndete nach ihr im *Kapital* von Marx, bei Hesse und Dostojewski, in der Bibel, in Pornos, in seinem Horoskop und natürlich auch in seinen Fußreflexzonen.

Er wusste nicht viel, aber er wusste, dass etwas grundsätzlich nicht stimmte. Diese Welt war hässlich. Die Menschen taten sich furchtbare Sachen an. Aber er verachtete nicht nur die anderen, sondern an erster Stelle sich selbst für sein kleines, gieriges, ängstliches Ego.

Erst, als sich sein bester Freund weigerte, mit ihm gemeinsam eine Ausbildung zu beginnen, wurde ihm bewusst: Er war unleidlich geworden. Er hatte sich in einem verbitterten NEIN verrannt, und sein Groll vergiftete seine Beziehungen. Irgendetwas war schiefgelaufen. Ganz sicher hatte er beim Inkarnieren die falsche Ausfahrt erwischt. Er wollte nicht hier sein; er wollte nicht sein, wie er war, verletzbar und unwissend. Viele menschliche Erfahrungen machten ihm Angst, vor allem der tiefe Schmerz der Einsamkeit. Er wollte heim. Er wollte zurück in jenes vollkommene Licht, von dem ihm eine unbestimmte Ahnung geflüstert hatte.

In dieser Vollmondnacht nun war es endlich so weit. Zugegeben, er hatte mit einer Dosis *Magic Mushrooms* nachgeholfen, doch in seinem ungeduldigen Zorn schien ihm jede Abkürzung legitim. Heute Nacht sollte es funktionieren.

Also stand er da, jede Zelle seines Körpers im Eifer des Wollens bebend, auf dieser kleinen Waldlichtung, als sich ihm ein überirdisch schönes Licht näherte. Es war anders als auf anderen Trips, das wusste er sofort. Es war echt. Das Licht hatte keine feste Form und war doch ein Wesen. Und dieses Wesen liebte ihn bedingungslos. Er spürte vollkommenes Angenommensein und Vergebung, und ihm war jenseits aller Worte klar, dass es genau DAS war, wonach er all die Jahre gesucht hatte. Das Leuchten kam immer näher und er badete in Glückseligkeit. Er war willens, jetzt und hier zu sterben, um in diesem Strahlen aufzugehen. Weib, Beruf, Karriere – alles war egal. Nur noch eine Handbreit war er von dieser überirdisch schönen Lichtquelle entfernt, bereit, alles loszulassen.

Und dann?

Ja, dann sprach das Licht zu ihm und das klang ungefähr so: »Alter, was soll denn das hier werden? Bist du wirklich so bescheuert? Meinst du, wir haben dich hier abgesetzt, damit du versuchst, so schnell wie möglich wieder wegzukommen? Wach auf!«

Autsch. Er fühlte sich wie ein Liebender, der kurz vor dem Höhepunkt eine Ohrfeige verpasst bekommt; statt Verzückung nur noch nackte, verdutzte Blöße. Ein spiritueller Coitus Interruptus. So nüchtern und klar wie noch nie lauschte er den liebevollen und gleichzeitig gnadenlos kompromisslosen Ansagen, die dann folgten:

»Du hast das Spiel noch nicht einmal eröffnet. Der Weg raus ist der Weg rein. Und das ist der Deal: Wir holen dich ab, wenn du hier wirklich fertig bist. Du bist fertig, wenn du gelernt hast, Menschlichkeit zu lieben und zu ehren. Wenn du die Schönheit im Hässlichsten erkennst und das Licht, nach dem du dich sehnst, in der dunkelsten Ecke leuchten siehst. Dann kommen wir wieder. Deine Lektion ist ganz einfach: Lerne, die Menschen zu lieben. Und fang am besten mit dir selber an.«

Damit war die Show vorbei. Er erwachte abrupt und unromantisch. Das Licht war verschwunden und das Lagerfeuer erloschen. Es war kalt und feucht und ihm war kotzübel. Doch er war voller Dankbarkeit, denn er fühlte sich gnadenvoll geohrfeigt.

Zum ersten Mal seit langer Zeit empfand er so etwas wie Frieden. Der erhoffte Fluchtweg aus der verhassten Welt war soeben zerstört worden, aber in dieser Wahllosigkeit schlummerte der Keim einer neuen Freiheit. Wenn es kein Raus gab, dann musste er eben rein. Hinein in das Leben. Hinein in seine Menschlichkeit. Er hatte nichts mehr zu verlieren. Entweder würde er als enttäuschter Zyniker sterben, oder die Prophezeiung würde sich erfüllen.

Sein Ego war noch immer klein, ängstlich, gierig und ohne wirklichen Plan, und er ahnte, dass sich daran auch in Zukunft nichts Entscheidendes ändern würde. Doch erstaunlicherweise konnte er diesem Bild seiner selbst zum ersten Mal gelassen begegnen. Denn er hatte sich in jener Nacht selbst geheiratet. Und ein wahrer Bund gilt bekanntlich in guten wie in schlechten Tagen.

WIE DIESES BUCH LESEN

Dieses Buch handelt von Selbstliebe und davon, wie man sich selbst von ganzem Herzen, beständig, aufrichtig, treu und kompromisslos lieben lernen kann – es handelt von *radikaler* Selbstliebe.

Drei Wünsche an Dich

Lesen kann man es auf sehr unterschiedliche Weise. In einem Zug, als schnelle Inspiration oder langsam und gründlich verdauend wie ein praktisches Handbuch. Die unterschiedlichen Ebenen der Selbstliebe werden dabei in Form von sechs Tugenden in den Blick genommen. Es geht darin um

- die Befreiung des Geistes,
- die Achtsamkeit und das Fühlen,
- die Kunst der intelligenten Bedürfniserfüllung,
- das Erkennen Deiner Werte
- aktive Selbstliebe in Deinen Taten
- die Wirklichkeit, in der Du jetzt bereits vollkommen bist.

Jede der Tugenden ist es wert, sich ausgiebig damit zu beschäftigen, doch es kann gut sein, dass Dich aktuell eine von ihnen besonders anspricht oder dass Du Dich mit einer anderen bereits ausführlich auseinandergesetzt hast. Also fühl Dich frei zu springen oder mit einem für Dich brandheißen Thema mehr Zeit zu verbringen. Du kannst Dich problemlos ein Jahr mit der gründlichen Erforschung jeder einzelnen Tugend befassen und wirst immer noch wertvolle Schätze im Innen und Außen finden. Ich weiß dies, weil ich mich seit mehr als zwanzig Jahren mit ihnen auseinandersetze und bis heute dazulerne.

Und noch etwas: Vielleicht fühlt es sich ungewohnt für Dich an, von einem fremden Menschen geduzt zu werden. Ich möchte keinesfalls unhöflich oder gar übergriffig erscheinen. Ich duze Dich, weil ich mir wünsche, dass es uns beiden gelingt, uns durch dieses Buch an einem Ort zu begegnen, an dem wir beide gleich sind. Ich versuche eine vertraute Atmosphäre zu kreieren – genauso, wie wenn Du mit Deinem besten Freund oder Deiner treuesten Freundin zusammensitzt und über all das reden kannst, was Dich bewegt. Es macht mich glücklich, wenn mir Leser schreiben, dass sie bei der Lektüre in ein regelrechtes Zwiegespräch mit mir eintreten, mit mir lachen, mit mir weinen und manchmal auch sauer auf mich sind. Denn das ist, wie ich glaube, genau das, was uns oft fehlt: ein ehrliches, intimes, menschliches Gespräch. Deshalb bin ich auch so frei und eröffne unsere Begegnung, indem ich mir drei Dinge von Dir wünsche. **Mein erster Wunsch an Dich: Lies das Buch mit Deinem Herzen.**

Ich bin kein supergenauer Theoretiker, kein hochgebildeter Philosoph und erst recht kein Heiliger. Ich gehöre zu den einfachen Typen, ich schreibe, wie ich spreche. In meiner Arbeit interessiert mich vor allem eins: praktische Lösungen zu finden und Wege, um glücklich zu sein.

Bestimmt könnte man den Inhalt dieses Buches eleganter formulieren oder mit mehr Fakten ausschmücken, doch mir geht es nicht darum, Dich zu informieren – ich möchte Dich berühren. Manches wird Dir gefallen, anderes Dich nerven. Das soll mir recht sein. So ist es, wenn man sich lebendig begegnet. An mancher Stelle magst Du denken: »Das kenne ich schon.« Auch das ist gut. Dann schließ doch bitte gleich eine Frage an: LEBE ICH ES AUCH? Vielleicht fällt dieses Buch nur als der vielgerühmte Tropfen in Dein Leben, der das Fass des Wartens endlich überlaufen lässt und Dich zur konkreten Umsetzung Deines Potenzials bringt. Das wäre wunderbar.

Ich wünsche mir, dass Du Dich nicht an meiner Wortwahl oder einer bestimmten Meinung stößt, sondern Dein Augenmerk auf das legst, was Dich anspricht. Ich als Person bin für Dein Leben relativ uninteressant. Es wäre toll, wenn Du den Inhalt dieses Buches konkret und praktisch auf Dich beziehen würdest! Dann hätte ich es nicht umsonst geschrieben und Du es nicht umsonst gelesen. Für alles andere ist unsere Lebenszeit einfach zu schade. Während ich dies schreibe und Du dies liest, vergehen kostbare Minuten. Im Wissen, dass wir beide sterben werden, erscheint mir jeder Augenblick sehr kostbar. Wie dumm wäre es, ihn nicht auszukosten?

Mein zweiter Wunsch an Dich: Setze es um.
Ich habe keinen Bock, ein weiteres Psychobuch für materiell gesättigte Menschen zu schreiben, die nur ihre Neurosen pampern wollen. Immer wieder beobachte ich, wie Menschen auf sogenannte Selbstliebe-Workshops gehen, aber nicht radikal verwandelt zurückkommen. Sie haben lediglich für ein paar Tage ihr Ego getätschelt. Dann reden sie ein halbes Jahr darüber, bis sie sich die nächste Streicheleinheit abholen. Wenn Du so etwas suchst, verschenke das Buch, Du wirst es nicht mögen. Hier geht es viel um UMSETZUNG. Selbstliebe ist eine nüchterne Kunst, mit praktisch-konkreten Auswirkungen bis in den letzten Winkel Deines Lebens. Doch diese Kunst lässt sich nur erlernen, indem Du sie übst – täglich, stündlich, minütlich.
Genau dafür wird Dir dieses Buch ein guter Begleiter sein. Es freut sich darauf, intensiv von Dir genutzt zu werden. Nach einigen Kapiteln warten Fragen und Übungen auf Dich, die Dich beim Erlernen der Selbstliebe unterstützen.
Der Grund, warum sich bei manchen Menschen die Lebensratgeber-Bücher im Regal türmen, ist eine notorische Impulsverschleppung. Damit bezeichne ich die weit verbreitete Angewohnheit, wertvolle Einsichten und machtvolle Erkenntnisse nicht bis in die konkrete Handlung hinein zu manifestieren. Doch letztendlich können nur Deine Taten einer anstehenden Veränderung Stärke und Langfristigkeit geben.
Daher sehe ich mich selber als augenzwinkernden und manchmal auch forschen Verführer, dessen Ziel es ist, Dich zur Umsetzung in Deinem Leben zu bewegen. Tu Dir selbst einen gro-

ßen Gefallen: Sei einer der Menschen, von denen man spricht, und nicht einer derer, die über andere reden müssen, weil ihr eigenes Potenzial noch in der Welt der guten Vorsätze schlummert.

Für dieses Buch bedeutet das konkret: Sei es Dir wert, die von mir vorgeschlagenen Übungen konsequent umzusetzen. Du kannst mir glauben: Es lohnt sich.

Mein dritter Wunsch an Dich: Wenn Du ein Mann bist, lies es trotzdem.

Ich treffe unter meinen Geschlechtsgenossen leider immer noch auf das weit verbreitete Vorurteil, Themen wie Liebe oder Gefühle seien nur etwas für Frauen. Ich bin ein stinknormaler Mann, und viele Frauen würden mich vielleicht sogar als Macho bezeichnen. Dennoch bin ich der Meinung, dass es gerade für uns Männer dringend nötig ist, über unsere Herzensangelegenheiten tiefer nachzusinnen, als wir es in den letzten 2000 Jahren getan haben. Du musst dafür nicht gleich einer Selbsthilfegruppe beitreten, in der sich alle ständig heulend umarmen.

Ich bitte Dich, dieses Buch zu lesen, weil Du ein machtvolles Werkzeug des Lebens bist. Dieses Werkzeug kann durch kalte, harte, gierige Macht benutzt werden. Dann verletzt Du die Frauen, die sich Dir öffnen; Du verschreckst die Kinder, die Dir anvertraut sind; Du baust Dinge, die kein Mensch braucht; Du führst Kriege gegen Dich und alles. Ich bin, was das betrifft, sehr altmodisch. Ich glaube, dass jeder Mann eine Mission zu erfüllen hat: Ich glaube, dass wir die Welt etwas schöner zurücklassen sollten, als wir sie vorgefunden haben. Das tun wir als kollektive

Mannheit noch nicht, noch erschaffen wir zu viel Angst und Zerstörung. Wenn Du lernst, als Mann in Frieden mit Dir zu sein, wirst Du Frieden erzeugen.

Viele Männer, mit denen ich ehrlich gesprochen habe, tragen ein unglaublich zartes, liebevolles Herz in sich, doch sie haben Angst, es wirklich zu zeigen. Sie fürchten sich davor, an Macht und Einfluss zu verlieren, wenn sie »zu sehr« fühlen. Das Gegenteil ist der Fall. Selbstliebe ist keine Gefühlsduselei, Selbstliebe ist eine Kampfkunst für Meister. Dabei geht es nicht mehr um den Sieg über einen äußeren Gegner. Du vervollkommnest Dich selber, weil Du etwas gefunden hast, wofür es sich friedvoll zu kämpfen lohnt. So geschult trittst Du Deinen inneren Widersachern wach und nüchtern gegenüber. Anstatt sie zu bekriegen, nutzt Du weise ihre Kraft für Deine Mission.

Selbstliebe bedeutet, das Werkzeug, das Du bist, verstehen und reinigen zu lernen, um es dann von der mächtigsten Macht benutzen zu lassen, die es gibt: der Liebe. Lerne Dich zu lieben, Mann, und dann diene nüchtern und entflammt, wild und zart als ein Krieger des Herzens. Die Welt braucht Dich.

PS: Wenn Du eine Frau bist …

Dass ich mich so ausführlich an die Männer gewandt habe, bedeutet nicht, dass ich Dich geringer schätze. Ich weiß nur einfach, dass es Männern oft schwerer fällt, sich diesen Themen zu nähern. Ich freue mich sehr, dass wir uns hier begegnen. Selbstliebe bringt Dich in Deine natürliche, lustvolle, heilende Macht zurück. Eine Frau, die sich selbst liebt, braucht kein Gegenüber, um sich schön zu fühlen – sie leuchtet von innen heraus. Dein inneres Erfülltsein macht Dich unglaublich attraktiv für Beziehungen aller Art. Deine selbstständige Liebe erlaubt anderen Menschen, Dich wirklich zu sehen. Sie fordert sie heraus, neben Dir in ihre Kraft hineinzuwachsen. Die ungesunde Co-Abhängigkeit hört auf. Deine Beziehungen verwandeln sich in Felder der Achtung und des natürlichen Gedeihens.

Ich habe noch ein Anliegen, liebe Frau. Ich bitte Dich um Verständnis, dass ich in diesem Buch durchgehend nur eine einfache Ansprache verwende (zum Beispiel »Leser« und nicht »Leser und Leserinnen«). Ich habe es in verschiedenen Varianten ausprobiert und es liest sich so einfach am flüssigsten.

Ein letztes Wort, bevor es richtig losgeht:
Ein Mensch, der sich selbst nicht in seiner ganzen Größe und Erbärmlichkeit annehmen kann, kann auch seine Mitmenschen nicht wirklich lieben. In gewisser Weise schreibe ich dieses Buch daher vor allem für die Menschen, mit denen Du tagtäglich zu tun hast. Wenn sie sich von Dir bewusster gesehen fühlen, nachdem Du das gelesen hast, bin ich glücklich, dann habe ich meinen Job erfüllt.

Ich wünsche Dir Freude, stille und laute Erkenntnisse und viele wunderbare Resultate. Möge Dich das Abenteuer der radikalen Selbstliebe nähren, heilen, verzaubern und wachküssen.

Mit herzlichem Gruß, Veit

WARUM DEIN JA ZU DIR ALLES ENTSCHEIDET

Wie kommt ein Erfolgstrainer und Businesspunk dazu, ein Buch über Selbstliebe zu schreiben? Ganz einfach: Weil Du ohne Selbstliebe jeden Erfolg vergessen kannst.

Ein Mensch, der sich nicht liebt, ist wie ein Fass ohne Boden. Keine Trophäe dieser Welt kann das Loch stopfen, das Deine Selbstablehnung in Dir offen hält. **Die Qualität Deiner Beziehung zu Dir ist der Schlüssel zu allem, und alles, was Du erlebst, ist ein Spiegel dieser Qualität.** Deine Partnerschaft, Deine Familie, Deine Arbeit, Deine Finanzen und selbst Deine Beziehung zu Gott zeigen Dir, ob beziehungsweise wie sehr Du Dich liebst.

Ein Mensch, der sich nicht mag, kreiert unerfüllte Beziehungen. Er kämpft um oder in seiner Arbeit. Er verbiegt sich für Geld und wenn er es hat, kann er es nicht richtig genießen. Er wird eher krank als andere und erlebt mehr Stress als nötig. Er erschafft zynische Welten oder strafende Götter.

Wenn Du Dir hart begegnest, hastest Du verkrampft durchs Leben. Wo andere Wunder, Möglichkeiten und Geschenke entdecken, stößt Du auf verschlossene Türen und unüberwindbare Hürden. Du bist davon überzeugt, dass Du Dir Glück angestrengt verdienen musst. Das beweist Du Dir und anderen durch die Erlebnisse, die Du unbewusst produzierst. Das Leben wird zu einem ewigen Krampf und Kampf. Die Möglichkeiten fliegen Dir nicht zu – wie es natürlicherweise der Fall wäre –, sondern Du rennst ihnen hinterher. Klingt das anstrengend? Es ist anstrengend. Für alle Beteiligten und für Dich. Ich weiß, wovon ich spreche, denn in meinem Leben war alles ein Kampf. Ich habe um Liebe gekämpft. Ich habe um Erfolg gerungen. Doch eigentlich habe ich nur mit einem einzigen Wesen Krieg geführt – mit mir selber. Nach mittlerweile fünfundzwanzig Jahren der Suche und des Findens und der Arbeit mit tausenden Menschen wage ich zu behaupten: Die Krankheit der Selbstablehnung ist weitaus verbreiteter, als es auf den ersten Blick scheint. Nicht jeder, der begeistert von sich redet, mag sich wirklich. Nicht jeder, der anderen Menschen Liebe schenkt, hat genug für sich übrig. Der innere Krieg der Selbstablehnung findet zum Teil auf offenen Schauplätzen statt – wie zum Beispiel bei einer zerstörerischen Sucht –, doch meistens äußert er sich leise:

in einer Berufswahl, die uns unglücklich macht,

in den überflüssigen Pfunden, die wir um Herz und Hüfte ansammeln,

in der angespannten Art, wie wir arbeiten oder Sport treiben,

in unserem Perfektionsdrang,

in der Strenge gegenüber unseren Kindern,

in der Sabotage unseres Erfolgs und Glücks,

in verkrampftem Gutmenschentum,
in der Abwesenheit von freudvollen Orgasmen jeglicher Art,
in stiller Resignation oder Jähzorn,
in einer angespannten Beziehung zu Gott, zur Schöpfung oder
wie auch immer Du es nennst,
in zu wenig Lachen, zu wenig Spiel, zu wenig Abenteuer
und in dem Versuch, diese Schmalspurversion unseres Lebens
auch noch zu verteidigen nach dem Motto: »Das Leben ist eben
kein Wunschkonzert.«
Meistens sind es eine Krise, pure Erschöpfung oder ein Moment
der Gnade, die Dich zu einer radikalen Entscheidung zwingen:
Bist Du bereit, Dich selbst endlich anzunehmen, und zwar genau so wie Du bist?
Der erstaunliche Unterschied eines Lebens vor und nach dieser
Entscheidung ist es wert, darüber zu schreiben. Leider sind
Worte wie »Liebe« oder »Hingabe« in unserer Zeit zu abgedro-
schenen, tausendfach missbrauchten Phrasen verkommen.
Trotzdem ich möchte es wagen, ein so einfaches und oft wieder-
holtes Wort wie **Selbstliebe** mit Dir gemeinsam neu zu entdecken. Denn es enthält eine heilsame und gleichsam explosive
Botschaft. Die Wahl, Dich so zu lieben, wie Du bist, löst in einer
zwanghaften Leistungsgesellschaft eine kleine Erschütterung
aus. **Ein Mensch, der sich auch in seinen schwächsten Stunden annehmen kann, ist frei und autark.** Da er nicht um Brot-
krumen der Anerkennung und Sicherheit betteln muss, lässt er
sich nicht mehr in das absurde Hamsterrad der Geschäftigkeit
einspannen – er gewinnt seine Würde zurück.

Ich schreibe dieses Buch, weil ich es satt habe dabei zuzuschauen, wie wir uns selber wieder und wieder verletzen, einsperren, klein halten und es nicht einmal merken. Ich schreibe, weil ich dieses Leben als eine unbegreiflich kostbare Chance ansehe, durch unsere Beziehungen und Taten die majestätische Schönheit der Schöpfung zu feiern. Das Buch ist mein kleiner Beitrag zu einer würdevolleren Welt, einer Welt, in der Menschen durchatmen und sich aufrichten.

Stell Dir eine Menschheit vor, in der sich jedes Kind und jeder Erwachsene auf eine natürliche und lebendige Weise selbst liebt. Was für einen wundervollen Reichtum könnten wir miteinander kreieren!

Auch wenn Du in den folgenden Kapiteln viele nützliche Anregungen für einen liebevollen Umgang mit Dir findest, ist dieses Buch kein typischer Ratgeber. Ich glaube nämlich weder, dass radikale Selbstliebe erlernbar ist, noch dass wir sie lernen müssten. Stattdessen bin ich überzeugt davon, dass wir alle die Wahl, uns selbst bedingungslos zu lieben, bereits getroffen haben. Ich lade Dich ein, endlich damit aufzuhören, so zu tun, als wüsstest Du nicht, wie einzigartig, kostbar, gut und schön Du bist.

Auch wenn dieses Buch das Wunder der radikalen Selbstliebe aus verschiedenen Perspektiven beschreibt, enthält es im Grunde genommen nur eine einzige Frage:

Bist Du bereit, Dich selbst nach Hause zu holen?

Heirate Dich selbst ...

und Du bist frei.

RADIKALE SELBSTLIEBE

Kennst Du Charlie Chaplins Stummfilm *Moderne Zeiten*? Er erzählt von Charlie, einem einfachen Mann, der versucht, in einer modernen Fabrik mitzuhalten und zu überleben. In der Fabrik arbeiten monströse, für den Betrachter regelrecht absurde Maschinen. Charlie steht am Fließband. Er muss immer schneller arbeiten, kommt nicht mehr hinterher, und irgendwann wird er verrückt.

Der Film kritisiert die Industrialisierung und die damit einhergehende Entmenschlichung der Arbeit. Das Individuum wird uninteressant. Auch wenn heutzutage immer mehr menschenfreundliche Ansätze in der Bildung, der Wissenschaft und der Unternehmenskultur auftauchen, halte ich Chaplins Film nach wie vor für hochaktuell. Er illustriert, warum wir uns überhaupt über Selbstliebe unterhalten müssen. Denn auch wenn eine primär leistungsorientierte Gesellschaft ohne Zweifel Fortschritt und Wohlstand hervorbringt, führt sie, wenn sich ihre Dynamik verselbstständigt, zur systematischen Selbstentfremdung des Menschen.

Wie hast Du zum Beispiel den heutigen Tag bis hierher erfahren? Hast Du achtsam von innen nach außen gelebt, oder hat das Außen Deinen Tag bestimmt? Konntest Du Dich frei und authentisch ausdrücken oder hast Du hauptsächlich auf Erwartungen und Verpflichtungen seitens Deiner Umwelt reagiert?

Ich bin mir bewusst, dass diese Fragen in vielen Ohren eher utopisch klingen. Die meisten Menschen stehen unter einem immensen Dauerdruck, derartige Überlegungen können sie nur noch als realitätsfern abtun. Das kollektive Hamsterrad hat so eine wahnwitzige Schwungkraft entwickelt, dass wir nicht mehr dazu kommen, seinen Sinn grundsätzlich zu hinterfragen. Dient unsere gemeinsame Anstrengung wirklich dem Wohlergehen des Menschen oder bedienen wir ein selbstgeschaffenes Monster der Geschäftigkeit? Wissen wir noch oder wussten wir je, was wir wirklich-wirklich wollen?

Unser Selbstwertgefühl ist immer stärker an äußere Rückmeldungen gekoppelt: »Was ist richtig? Was ist sicher? Womit hat man Erfolg? Was bringt die meiste Anerkennung?« Bis auf wenige, sehr starke Naturen, die diesem hypnotischen Sog widerstehen können, entfalten wir uns nicht mehr natürlich, also von innen nach außen, sondern reagieren automatisch, von außen nach innen. Was wir wirklich wollen, tritt mehr und mehr in den Hintergrund und ist irgendwann gar nicht mehr abrufbar. Berufliche Erwartungen, private Verpflichtungen, mediale Reize, massive Werbung – der ständige Handlungsbedarf an der Peripherie führt zu einer Vernachlässigung unseres sinnstiftenden Innenraums. So entsteht ein wesentliches Vakuum: Wir wissen, was wir zu erfüllen haben, aber nicht, was uns erfüllt.

Es gibt zwei Ausbruchsmöglichkeiten aus diesem Gefängnis der Zwänge. Die eine wird, wie weiter oben schon beschrieben, unfreiwillig herbeigeführt, zum Beispiel durch eine Krise. Wenn wir den Job verlieren, der Partner uns sitzen lässt, wir körperlich schwer erkranken oder depressiv werden, dann brechen die Mauern von außen ein. All die Fragen, vor denen wir weggelaufen sind, dringen dann zu uns vor, und wir sind gezwungen, uns ihnen zu stellen.

Doch wir müssen nicht auf diesen Crash warten. Es gibt auch einen sanfteren Weg in die Freiheit. Du kannst die Gefängnistür von innen öffnen, indem Du Dich bewusst für radikale Selbstliebe entscheidest.

Warum nenne ich es *radikale* Selbstliebe?

Das Wort radikal stammt vom lateinischen *radix* (die Wurzel). **Radikale Selbstliebe bedeutet, Dich entschlossen auf die Wurzel Deines Wesens zu besinnen**, selbst wenn scheinbar alle versuchen, Dich davon abzulenken. Du ziehst das JA! Deiner Aufmerksamkeit von den Ersatzbefriedigungen ab und schenkst es Dir. Es gilt, einen seelischen Innenraum zu entdecken, in dem Du unerschütterlich zuhause bist. Hier findest Du die tiefe, starke Wurzel eines Selbstwertes, der an den guten und den schlechten Tagen standhält.

Ein JA! zu Dir in dieser Radikalität ist ein revolutionärer Akt. Du stehst ab jetzt für bestimmte Spiele – privat, beruflich, gesellschaftlich – nicht mehr zur Verfügung. Du erlaubst Dir, frei und groß zu denken. Du hast es nicht mehr nötig, Dich für Anerkennung von außen zu verbiegen. Du jagst nicht mehr wie ein dummer Esel automatisch jeder Karotte hinterher, die Dir andere vor die Nase hängen oder Du selbst. Du lässt immer mehr los, was Dich schwächt, und tust immer mehr von dem, was Dich stärkt.

Dieses radikale JA! zu Dir ist die stille, aber zu allem entschlossene Wahl, Dir treu zu sein. Sie lässt Dich Dein geistiges Rückgrat aufrichten und ein Zentrum tief in Dir drinnen finden, welches jedem Sturm im Außen ruhig begegnen kann. Dieses bedingungslose JA! verändert alles. An manchen Stellen still und sanft, an anderen mit einem lauten Knall. Wenn Du beginnst, Dich voll anzunehmen, kannst Du Dich endlich offen und neugierig erforschen. Dein JA! zieht Dich auf eine faszinierende Reise nach innen. Von dort kommst Du mit unglaublichen Schätzen zurück.

Sei darauf vorbereitet, dass nicht jeder Mitspieler Deines alten Lebens Deine neuen Erkenntnisse begeistert aufnimmt. Nicht jeder freut sich, wenn Du ihn einlädst, an Deiner Seite zu wachsen, anstatt zu kriechen.

Dein radikales JA! zu Dir schüttelt die alten Vorgaben, wer Du sein solltest, von Deinen Schultern ab. Du erlaubst Dir, neugierig in jede Richtung zu schauen. Du erweiterst die Bandbreite Deiner Gefühle, den Flugradius Deiner Gedanken und die Optionen Deiner Handlungen. So wirst Du für Dich und andere wieder das, was Du früher einmal warst: ein unberechenbares Wunder. Was Deine Vernunft nie konnte, schafft Dein JA! Es vereint die scheinbar so verschiedenen Stimmen Deiner Seele in einem vollkommenen Lied. Jeder Mensch ist ein Universum für sich – funkelnd wie ein Diamant mit tausend Facetten. Wir werden dessen Schönheit durch den Filter unserer Vorurteile niemals voll erfassen, dafür braucht es die vorbehaltlos liebende Kraft unseres Herzens.

Durch die Augen der radikalen Selbstliebe gesehen offenbart sich, dass sich Dein Schatten und Licht, Dein Dreck und Dein Gold, Deine Größe und Deine Winzigkeit nicht ausschließen, sondern essenzielle Zutaten eines alchemistischen Prozesses sind, der etwas hervorbringt, was so noch nie da gewesen ist. Wenn Dein Fuß von der Bremse geht, explodiert Deine natürliche Kreativität. Dein Potenzial entfaltet sich in spontaner, verblüffend intelligenter Dynamik. Dies zu erfahren, schenkt Dir Dein Urvertrauen zurück und lässt Dich insgesamt unbefangener durchs Leben gehen.

Ein Synonym für »radikal« ist »bedingungslos«. In einer Kultur, die ständig wertende Maßstäbe benutzt, um sich selbst voranzutreiben, scheint die Möglichkeit, Dich genau so anzunehmen, wie Du bist, vielleicht unmöglich. **Deshalb kann der Entschluss, Dich radikal zu lieben, auch nicht allein aus der Vernunft heraus getroffen werden – Du musst es mit Deinem ganzen Wesen wollen,** genauso entschlossen, wie ein Ertrinkender um den nächsten Atemzug kämpft. Es gibt nur noch eine Option: Dich zu lieben.

Lass uns ein Missverständnis von Beginn an vermeiden: Dich zu lieben bedeutet nicht, permanent begeistert von Dir zu sein. Du kannst Dich in einem Moment vollkommen zum Kotzen finden und Dich dennoch, in der Tiefe, vollständig annehmen. Du kannst traurig, ratlos oder wütend sein und Dich gleichzeitig lieben. Eine Mutter ist manchmal furchtbar böse auf ihr Kind, doch im Herzen hat sie keine andere Wahl, als es zu lieben. Das ist nicht rational zu verstehen, doch es ist erfahrbar. Ich schreibe von einem Quantensprung des Bewusstseins, hinaus aus dem Zustand des polarisierenden Bewertens hinein in die vollkommene Annahme dieses Augenblicks.

Es kann gut sein, dass sich Dein Verstand gegen die Einfachheit dieser Liebe auflehnt. Er kann nicht anders, schließlich wurde er darauf trainiert, alles zu bewerten. Du musst ihn nicht ausschalten, Du musst nicht blöd werden, um Dich annehmen zu können. Im Gegenteil, Du kannst die Fähigkeiten Deines Denkens nutzen, um die optimalen Bedingungen für Selbstliebe zu schaffen.

Dafür möchte ich Dir die **sechs Tugenden der Selbstliebe** vorstellen. Ich habe eine Schwäche für altmodische Wörter. Das deutsche Wort »Tugend« leitet sich von Tauglichkeit, Tüchtigkeit ab. Es steht für eine besondere Qualität oder vorbildliche Haltung eines Menschen. In diesem Sinne nutzen die sechs Tugenden der Selbstliebe Deine Intelligenz, um Dich dabei zu unterstützen, Dir Deine Liebe zu Dir täglich zu demonstrieren, selbst wenn Du sie einmal nicht fühlst. Sie ziehen Deine Energie von destruktiven Gewohnheiten ab und kultivieren ein JA! Dir gegenüber – im Denken, Fühlen und Handeln. Diese wohlwollende, offene Haltung erleichtert es, Selbstliebe immer öfter und tiefer zu erfahren.

Doch zuerst musst Du eine bedeutsame Entscheidung treffen. Für eine starke und heilsame Beziehung zu Dir musst Du wählen, Dich radikal zu lieben, völlig unabhängig von jeglichen Umständen. Bist Du dazu bereit?

Wie kannst Du Dir selbst beweisen, dass Du es mit Deiner Wahl ernst meinst?

HEIRATE DICH SELBST

Vielleicht bin ich altmodisch, doch mich berührt der Ritus der Ehe immer noch sehr stark – als ein heiliges Versprechen, mit einem anderen Menschen durch Licht und Dunkelheit zu gehen.

Andreas und mein Ehegelübde ist keine Forderung an den anderen, sondern das Versprechen, ihm in seiner vollen Entfaltung zu dienen. Allerdings habe ich bei meiner Hochzeit einen kapitalen Fehler begangen: Ich hätte zuerst mich selbst heiraten sollen. Ich gab Andrea mein JA!, bevor ich es mir vollständig schenkte. Das kann nicht gut gehen. Denn so übertragen wir in unseren Ehen, aber auch in anderen wichtigen Beziehungen, enorm viel Verantwortung auf einen anderen Menschen. Wir erhoffen uns von ihm dann all das, was wir uns selbst noch nicht geben können: Liebe, Bestätigung, Orientierung, Ermutigung und vieles mehr.

Doch wenn wir in einem anderen etwas suchen, was wir in uns finden müssten, werden wir zwangsläufig enttäuscht. Wenn wir unser Glück von einem Ehepartner, unseren Eltern, einem Guru oder wem auch immer abhängig machen, werden wir uns oft unvollständig, macht- und kraftlos fühlen. Unser Befinden wird von den Reaktionen und der Bestätigung des Gegenübers abhängig. Wenn der andere uns anlächelt, geht es uns gut, wenn er uns zürnt, leiden wir. Wir fangen an zu betteln und Dinge zu tun, die unserer Selbstachtung schaden. Dabei vergessen wir irgendwann völlig, dass wir selbst es waren, die diesem Menschen so viel Bedeutung für unser Leben verliehen haben; wir gaben ihm unser inneres JA!-Wort für diese Form der Beziehung. Und genau dieses bewusst oder unbewusst eingeräumte JA! gibt jenem Menschen nun solche Macht über unser Wohlbefinden.

ÜBUNG: An welche Menschen hast Du Deine Macht abgegeben?

Ich möchte Dich mit der folgenden Übung dazu einladen, ehrlich zu erforschen, an welche Menschen Du im Laufe Deines Lebens Macht abgegeben hast. Wer in Deinem Leben ist in der Lage, durch seine Gesten, Worte und Urteile Dein Wohlbefinden massiv positiv oder negativ zu beeinflussen? Von wessen Zustimmung und Liebe fühltest oder fühlst Du Dich manchmal abhängig?

Ist es Dein Vater, Deine Mutter, Dein Beziehungspartner? Vielleicht Dein Guru oder Dein Chef? Welche Menschen haben großen Einfluss auf Dein Befinden?

Bitte schreibe die Namen all dieser Menschen auf und lies sie Dir langsam durch. Nimm Dir für jede Beziehung einige Minuten Zeit.

Sieh den Menschen vor Dir. Bring den Geschmack Eurer Verbindung bewusst hierher in diesen Moment.

In welchen Situationen hast Du diesen Menschen um Liebe angebettelt?

In welchen Situationen bist Du von Deinem Pfad abgewichen oder in Deiner Kraft eingeknickt, weil diese Person Dir ihre Zustimmung verwehrte?

Welche ungesunden Kompromisse bist Du eingegangen, nur um von diesem Menschen anerkannt zu werden?

Welche Gesten und Worte dieses Menschen hatten oder haben (scheinbar) die Macht, Dein Wohlbefinden stark zu beeinflussen?

Kannst Du diese Abhängigkeit für einen Moment total ehrlich zugeben und fühlen?

Welche Gedanken und Gefühle tauchen dazu in Dir auf?

Kannst Du verstehen und anerkennen, dass es nicht in Wirklichkeit dieser Mensch ist, der Macht über Dein Leben und Befinden hat, sondern dass Du es bist, der sie auf ihn projiziert?

Dies schonungslos anzuschauen, kann unangenehm sein, doch es ist der erste Schritt in Richtung Selbstbefreiung. Vielleicht musst Du Deinen Stolz etwas überwinden, um Deine Machtabgabe eingestehen zu können, aber es lohnt sich. Allein durch Deine Anerkennung der Situation übernimmt Dein Bewusstsein Verantwortung für seine Projektion und Deine Kraft beginnt, zu Dir zurückzufließen.

Keine Sorge, durch diese Übung zerstörst Du nicht die Beziehung zu den jeweiligen Menschen, im Gegenteil. Sie versetzt Dich in die Lage, den anderen so zu sehen und zu lieben, wie er wirklich ist. Stell Dir vor, Du müsstest niemandem mehr hinterherrennen, weil Du alles in Dir findest. Statt um etwas zu bitten, würdest Du Deinen Überfluss an Liebe, Lust und Achtung großzügig teilen. Dein JA! zu Dir befähigt Dich, frei zu wählen, mit wem Du welche Art von Beziehung eingehen möchtest. Keine faulen Kompromisse mehr! Hole die Macht, die Du an andere Menschen abgegeben hast, zu Dir zurück und stelle Dich in den Mittelpunkt Deines Lebens.

Um das zu tun, lade ich Dich zu einer verrückenden Wahl ein, die alles wieder an die richtige Stelle bringt:

Heirate Dich selbst!

Nein, ich mache keine Witze. Heirate Dich, bejahe Dich selbst. Das ist nicht nur ein Spiel, unterschätze nicht die Wirkung eines bewusst vollzogenen Rituals. Es wird Dich verändern. Ich meine den Vorschlag deshalb absolut ernst: Heirate Dich in einer feierlichen, verrückten, fantasievollen Zeremonie, die Du selbst kreierst. Falls Du ein skeptischer Mensch bist, kommt Dir die Idee vielleicht komisch vor. Mir zumindest ging es so. Doch als Pragmatiker interessieren mich vor allem die konkreten Ergebnisse, und die sind wirklich verblüffend. Wenn Du solch eine Zeremonie bewusst durchführst, verankert sie sich als neue Möglichkeit in Deinem Unterbewusstsein. Es empfängt Deine Absicht und stellt sich darauf ein. Nimm Dir daher ausreichend Zeit für die Vorbereitung und Durchführung.

Wenn es Dir nicht ernst ist oder Du Dich noch nicht reif dafür fühlst, lege die Idee auf Eis, doch wenn Dich die Vorstellung berührt, empfehle ich Dir, zuerst Deine Hochzeit zu planen und dann die weiteren Kapitel zu lesen, sie werden Dich dann auf einer tieferen Ebene erreichen.

Plane das Ganze wie eine richtige Eheschließung, nur mit noch mehr Liebe fürs Detail. Denn dieses Mal geht es um Dich! Wie alt Du bist, ist dabei völlig egal, Selbstliebe ist zeitlos. Bist Du verheiratet? Kein Problem. Erkläre es Deinem Partner: »Schatz, ich muss einen entscheidenden Schritt nachholen. Sei dir sicher, es ist gut für uns beide.« Vielleicht feiert Ihr ja sogar eine Doppel-Selbst-Hochzeit.

Lege einen passenden Termin für deinen Freudentag fest. Wo wäre der schönste Ort, um Dich zu heiraten? Möchtest Du allein oder in Anwesenheit von Gästen feiern? Was wären die perfekten Umstände? Sei nicht bescheiden, geh in die Vollen. Wie magst Du es am liebsten? Wild oder sanft, klassisch oder punkig, edel oder einfach? Wie kannst Du diesen Moment gebührend feiern? Mit welchem Essen? In welcher Kleidung?

Wie oft hast Du Dich für einen anderen Menschen schön angezogen! Jetzt schmücke Dich für Dich; es ist an der Zeit, Dich selbst zu ehren. Vielleicht kommen Dir ganz neue, verrückte Ideen. Lass Deiner Kreativität freien Lauf. Ich weiß von Menschen, die sich extra für ihre Heirat mit sich einen Ring anfertigen ließen. Ich habe mich tätowieren lassen. Wie möchtest Du Deinen Entschluss zur radikalen Selbstliebe im Außen zeigen?

Nimm Dir schließlich Zeit, ein eigenes Ehegelübde zu entwerfen und handschriftlich festzuhalten. Hier hast Du ein Beispiel, wie dies klingen könnte. Lies Dir, wenn es soweit ist, Dein Gelübde laut vor und höre Dir aufmerksam zu.

EHEGELÜBDE

Heute, am ...., hier in ...., gehe ich frisch und bewusst eine heilsame, liebevolle, lebendige Beziehung mit mir selbst ein.
Mein Versprechen an mich selbst lautet:
Ich möchte mich, ... von jetzt an erkennen, achten und lieben. Es ist möglich, dass der Weg, der vor mir liegt, nicht immer einfach ist. Ich werde Sonnentage und dunkle Seelennächte erleben. Manchmal wird alles ganz klar erscheinen. Ich werde wissen, dass ich richtig bin, genauso, wie ich bin. Doch es wird vielleicht auch Momente der Verwirrung, des Zweifels und der Angst geben. Egal wie meine äußere Welt erscheint oder sich mein Inneres anfühlt, im Sieg und in der Niederlage, in der Stille und im Sturm – ich wähle, von nun an stets an meiner Seite zu sein. Ich will mir selbst der beste Freund sein. Ich schenke mir Nähe und Vertrauen. Ich gebe mir die Erlaubnis, mich bedingungslos zu lieben und mein Potenzial voll zu leben.
Wie habe ich mich nach mir gesehnt. Jetzt reicht das Träumen nicht mehr aus. Ich bin bereit, voll in mir zuhause zu sein. Darum sage ich aus ganzem Herzen JA!

Ja, ich will mich, ..., lieben, mich achten und mir treu sein, solange ich lebe.

Ich, ..., nehme mich, ..., zur Frau/zum Mann.

Ich verspreche mir selbst ein Leben der Freude und des Wachsens.

Ich verspreche, mir von nun an treu zu sein, in guten und in schlechten Tagen, in Reichtum und Armut, in Gesundheit und Krankheit mich zu lieben und zu ehren, solange ich lebe.

Ich werde ehrlich zu mir sein. Ich werde mich kennenlernen. Ich werde mich respektieren und mir vertrauen, mir helfen, mir zuhören und für mich sorgen. Ich werde alles erlernen, was es braucht, um mich wirklich zu lieben. Ich finde Frieden mit meinem Körper, meinen Gefühlen und meinem Verstand – genau so, wie ich bin. Gleichzeitig werde ich mich selbst herausfordern, ein wahrhaftiges, ein waches, ein gutes Leben zu führen.

Ich werde loslassen, was mir schadet und kultivieren, was mir gut tut. Ich werde mein Leben auf eine mir würdevolle Weise gestalten. Ich werde mir meine Fehler vergeben – immer wieder, sanft und humorvoll. Ich bin bereit, mich selbst, die Welt und das Leben besser zu verstehen, so dass ich dem Leben und meinen Mitmenschen in Freude dienen kann.

Indem ich die Liebe in mir bejahe, kann ich sie mit allem teilen. Indem ich vollständig in mir erwache, kann ich mich in allem wiedererkennen. Indem ich Frieden in mir finde, bringe ich Frieden in die Welt. Wann immer ich in Versuchung gerate, mein Versprechen mir selbst gegenüber zu vergessen, werde ich mich daran erinnern und neue Kraft finden, es zu leben.

Ich beauftrage die Weisheit meines Unterbewusstseins und meiner Seele, mich klar und konkret zu lehren, was Selbstliebe bedeutet. Alles, was in mir heilen muss, darf jetzt auf eine sanfte Weise heilen. Ich bin bereit, von heute an mein ganzes Wesen und mein Leben zu lieben. Meine Selbstliebe verwandelt mich in eine Quelle der Liebe und Inspiration für jedes Wesen, das mir begegnet. Möge meine Heirat mit mir selbst zum Wohle aller Wesen sein.
So sei es.

Datum: ....

Name: ....

Unterschrift: ....

Dich zu heiraten ist kein selbstsüchtiger Akt. Es ist ein großartiges Geschenk für jeden Menschen, der mit Dir zu tun hat, weil Du ihn damit aus der Verantwortung entlässt, Dich glücklich machen zu sollen. Dich selbst zu lieben, verwandelt Dich in das faszinierende, inspirierende und liebevolle Wesen, das Du eigentlich schon immer gewesen bist. Wir haben also alle etwas davon, wenn Du Dich mit Dir selbst vermählst. Dich zu heiraten ist Umweltschutz und Friedensarbeit in einem, denn Dein innerer Frieden strahlt auf Deine Umgebung aus und ein Mensch, der um seine tiefe Schönheit weiß, hinterlässt die Plätze, an denen er verweilt, schöner, als er sie vorgefunden hat.

Wenn Du es tust, und ich hoffe, Du tust es, möchte ich Dir von Herzen zu Deiner verrückenden Wahl gratulieren. Alles Gute zu Deiner Hochzeit mit Dir!

Nun steht Dir die Tür zur radikalen Selbstliebe weit offen und Du kannst voller Freude die sechs Tugenden der Selbstliebe praktizieren.

Das virtuelle Standesamt

Weißt Du, was ich tue, wenn ich einen wichtigen Entschluss fasse und sicherstellen möchte, dass ich ihn niemals verrate? Ich lass ihn die ganze Welt wissen!

Wünschst Du Dir für Deine Hochzeit einen offiziellen Trauschein vom Universum? Dann besuche das virtuelle Standesamt unter **www.heirate-dich-selbst.de**. Hier kannst Du Deine Heiratsurkunde anfordern und ein »Beweisfoto« von Deiner Hochzeit hochladen. Lass es die ganze Welt wissen, dass Du Dich selbst liebst. Lass uns alle daran teilhaben, wo und wie Du Dich geheiratet hast. Wenn Du möchtest, nutze das Bild auf der folgenden Seite. Lass Dich damit auf Deiner Hochzeit fotografieren und lade es zum Beispiel mit Deinem Smartphone hoch.

DIE SECHS TUGENDEN DER SELBSTLIEBE

In diesem Kapitel möchte ich Dir kurz die sechs Tugenden der radikalen Selbstliebe vorstellen. Um ihre Bedeutung in Deinem Leben zu verstehen, musst Du wissen, wie Hypnose funktioniert.

Die Enttarnung des Meisterhypnotiseurs

Vereinfacht gesagt besteht Hypnose darin, einen Menschen in einen Zustand tiefer Entspannung zu versetzen und seinem Unterbewusstsein dann Anweisungen oder Glaubenssätze, sogenannte Suggestionen, einzugeben. Werden diese Suggestionen vom Unterbewusstsein angenommen, wird der Mensch nach seinem Erwachen fest daran glauben und sich in seinem Denken, Handeln und Fühlen danach ausrichten – ohne sich, und das ist das Entscheidende, dessen bewusst zu sein.

Ein Beispiel: Stell Dir vor, ein Hypnotiseur versetzt Dich in Tiefenentspannung und suggeriert Dir dann, dass Du Dich nicht mehr an Deinen Namen erinnern kannst. Gelingt die Hypnose, weißt Du nach dem Erwachen nicht mehr, wie Du heißt. Das Gemeine ist, dass Du Dir nicht erklären kannst, warum dies so ist. Du fühlst Dich unwohl und ahnst, dass etwas nicht stimmt, aber Du weißt nicht, was. Dann schnippt der Hypnotiseur mit dem Finger, und plötzlich fällt Dir Dein Name wieder ein. Der in unserem Zusammenhang spannende Punkt daran ist: Dein Wissen um Deinen Namen war in Wahrheit nie weg, es wurde nur durch die Überzeugung »Ich weiß ihn nicht« blockiert.

Was dies alles mit Selbstliebe zu tun hat? Ganz einfach: Auch Du praktizierst seit Jahren Hypnose, ohne es zu merken. Wenn Du Dich hier und heute nicht vollständig liebst, dann liegt es nicht daran, dass mit Dir etwas nicht stimmt. Es liegt auch nicht an den Umständen und Ereignissen Deines Lebens. Der wirkliche Grund, warum ein Mensch sich selbst ablehnt, sind Suggestionen – also hypnotische Glaubenssätze – , die er irgendwann als wahr akzeptiert hat:

»Das kannst du nicht.«

»Immer machst du Ärger.«

»So kriegst du nie einen Mann!«

»Schäm dich!«

Kommt Dir einer dieser Sätze bekannt vor? Wie und warum wir in unserer Kindheit solche Suggestionen einkassieren, wie Eltern ihre Kinder oder Lehrer ihre Schüler dazu bringen, an die eigene Unvollkommenheit zu glauben, damit beschäftigen sich andere Bücher sehr ausführlich. Für uns, für das Jetzt, ist ein anderer Gesichtspunkt viel interessanter. Der Umstand nämlich, dass wir als Erwachsene gar keinen Hypnotiseur mehr im Außen brauchen, sondern dass wir uns unsere tägliche Dosis an schädlichen, begrenzenden Suggestionen selbst verpassen:

»Ich schaffe das nie.«

»Ich bin viel zu fett.«

»Warum hab ich immer so ein Pech?«

Das passiert im inneren Zwiegespräch so selbstverständlich und nebenbei, dass uns gar nicht auffällt, was wir da eigentlich tun. **Wir hypnotisieren uns selbst**, bis wir fest davon überzeugt sind, dass uns etwas fehlt; dass wir unvollkommen und hässlich sind; dass andere besser sind, und vor allem, dass wir so, wie wir sind, nicht liebenswert sind.

Bedauerlicherweise fühlen sich diese verborgenen Glaubenssätze für uns so echt an, dass wir beginnen, unser ganzes Leben auf sie abzustimmen. Wir beweisen uns unbewusst immer wieder aufs Neue, dass mit uns etwas nicht stimmt. Und wie bei einer guten Hypnose erinnert sich der Hypnotisierte nicht mehr an die Autosuggestion, aber er denkt, fühlt und handelt auf deren Basis.

Wenn Du heute zum Beispiel in den Spiegel schaust, dann siehst Du nicht Dein reales Abbild, sondern das, woran Du glaubst. Das gibt doch zu denken, oder?

Lange Rede, kurzer Sinn: Wenn es Dir manchmal an Selbstliebe und Selbstachtung zu fehlen scheint, liegt es nicht daran, dass sie wirklich fehlen, sie wurden lediglich durch eine Autosuggestion blockiert. Deshalb besteht die erste Tugend der radikalen Selbstliebe darin, Dein Denken über Dich selbst zu befreien. So löst Du nach und nach die alten, begrenzenden Glaubenssätze auf und gibst Dir selbst die Erlaubnis, Deine wirkliche Schönheit zu entdecken und Dich genau so zu lieben, wie Du bist.

Die zweite Tugend bringt eine grundsätzliche und wohltuende Entspannung in Dein Leben. Indem Du nicht mehr vor Deinen Gefühlen wegläufst, sondern sie mitfühlend annimmst und heilst, findest Du Frieden in Dir.

Die dritte Tugend besteht in der machtvollen Kunst, liebevoll die eigenen Bedürfnisse zu verstehen und sie intelligent zu erfüllen.

Die vierte und die fünfte Tugend stärken Deine Selbstachtung. Du erkennst Deine wesentlichen Werte, das heißt, Du definierst, was Dir wirklich wichtig ist, und setzt dann Deine Erkenntnisse durch mutiges, authentisches Handeln in der äußeren Welt um.

Die sechste Tugend lädt Dich ein, in einem noch umfassenderen Sinn als in der ersten Tugend die gesamte Selbsthypnose Deines Lebens sanft, aber radikal infrage zu stellen und in einer wesentlich größeren Dimension Deines Selbst zu erwachen.

Befreie Deinen Geist.

Fühle alles.

Erfülle Deine Bedürfnisse.

Definiere Deine Werte.

Mach Dein Ding.

Erwache in Deinem wahren Selbst.

Let's go.

Die 1. Tugend:

BEFREIE DEINEN GEIST

Gestatte Dir, alles über Dich zu denken!

»Wer sind Sie?«

Meist antworten wir auf diese Frage mit unserem Namen oder unserem Beruf. Doch das beschreibt nicht, wer wir wirklich sind. Jeder Mensch ist ein Universum – reich an verschiedensten Fähigkeiten, Neigungen, Fantasien, Erinnerungen und Gefühlen. Kein Etikett der Welt wird Dir gerecht. Du bist ein Wunder, ein Geheimnis, ein Kuriosum, eine einzigartige Ausprägung des Lebens.

Wann warst Du das letzte Mal von Dir fasziniert?

Wann fandest Du Dich zuletzt wunderschön?

Wann fühltest Du Dich das letzte Mal ganz stark? Und wann ganz schwach und verletzlich?

Wann warst Du das letzte Mal über alle Maßen großzügig und wann peinlich-pingelig geizig?

Wann war Du das letzte Mal

neugierig,

verwirrt,

erregt,

begeistert,

klar,

selbstbewusst,

verunsichert,

erfolgreich,

traurig,

ekstatisch,

laut,

wild,

still

oder sanft?

Welche dieser Qualitäten kommen Dir vertraut vor? Welche hast Du schon lange nicht mehr gespürt? Welche würdest Du gar nicht mit Dir in Zusammenhang bringen? Gehört sie wirklich nicht zu Dir oder hast Du sie vor langer Zeit aus Deinem Repertoire gestrichen? Hättest Du Lust, sie wieder neu zu entdecken?

Wir wurden alle als liebenswerte, komplexe, sehr lebendige Genies geboren, die viele Tonlagen des Lebens beherrschten. Wir kannten keine Tabus und hielten alles für möglich; unser Denken war offen und frei. Erst im Laufe unseres Erziehungsprozesses »eichten« wir uns auf die uns umgebenden Normen und Begrenzungen. Wir wollten dazugehören, also passten wir uns an.

Die Gedanken eines Menschen sind seine Welt. Was Du denkst, das wirst Du (altes hinduistisches Sprichwort).

Indem wir an einem Tag wie heute nur noch eine kleine Bandbreite von Gedanken im Kopf haben, wird nicht nur die Welt unserer Möglichkeiten kleiner, sondern wir legen uns auch auf ein sehr beschränktes Selbstbild fest. Die Person mit den stärksten Vorurteilen uns gegenüber sind wir selbst! Unser Potenzial verstaubt ungenutzt, weil wir uns nicht getrauen, frei und groß über unsere Möglichkeiten zu denken. Und das Traurigste daran ist, dass wir die Beschränkung unseres Geistes – die sich dann als Realität in unserem Leben abbildet – als Beweis dafür nutzen, dass wir mit unserer mentalen Zaghaftigkeit richtig liegen. Die meisten Menschen richten den Groll ihrer Unzufriedenheit gegen externe Umstände. Das ist jedoch pure Zeit- und Energieverschwendung. Es hat keinen Sinn, mit Deinen Gedanken Zitronenbäume zu pflanzen und Dich dann zu wundern, warum die Orangen so sauer schmecken. Schau genau hin: Du erschaffst eine Welt, die Deinem Selbstbild exakt entspricht. Trau Dir wenig zu, und Dein Leben wird einer langweiligen Kaffeefahrt gleichen. Denk schäbig von Dir, und die anderen werden Dich schäbig behandeln. Glaube insgeheim, Du seiest nichts wert, und Dein Geist wird die Chancen dieses Tages vor Dir verbergen.

Wenn Du erfolgreicher, erfüllter, freier und auch einen Tick ekstatischer leben möchtest, dann befreie Dein Selbstverständnis. Entlasse Dich aus Deinem winzigen Selbstbild, erlöse Dich von Deiner eigenen begrenzten Meinung und staune, wenn sich Deine gesamte Realität neu darauf ausrichtet.

Das ist nicht nur eine nette Idee, tu es ganz konkret, dehne Deinen Geist. Trainiere Dich regelmäßig darin, größere, freiere, ungewöhnliche Gedanken über Dich zu haben. Beschränke Dich dabei aber nicht nur auf die schönen und lichten Aspekte, sonst sitzt Du im nächsten »Mindknast«. Wer sich mit dem Anspruch terrorisiert, nur noch helle, positive Gedanken haben zu wollen,

eröffnet einen unbewussten Kampf gegen den dunklen Teil seiner reichhaltigen Psyche. Du wirst nicht erfahren, welche verborgenen Schätze im Schatten Deiner Seele auf Dich warten, wenn Du Dich ihnen nicht neugierig und vorurteilsfrei näherst. Stoppe den Schrumpfungsprozess Deines geistigen Universums und hör auf, Dich ständig in das Korsett der eigenen Erwartungen zu pressen. Erschaffe neue Möglichkeiten, indem Du in jede Richtung frei denkst – lass Dich von Deiner geistigen Leine!

ÜBUNG: Gedanken-Stretching

Dies ist eine einfache Übung, um dein Denken über Dich zu befreien. Sie macht Spaß und wird Dir überraschende Erkenntnisse schenken. Lege Dir Stift und Papier zurecht und formuliere jeden Morgen einen geistigen Dehnungssatz mit einem ungewöhnlichen Gedanken über Dich. Schränke Dich in Deinen Ideen und Deiner Wortwahl nicht ein. Formuliere schlicht und elegant oder schwelge in Fantasie und Superlativen.

Beispiele: »Ich bin pure, leuchtende Liebe.« – »Ich bin ein erotisches, mysteriöses, superintelligentes, überaus witziges Meisterwerk der Natur.« – »Ich bin der letzte Ätobongianer[1].«

---

1   Du möchtest wissen, was ein Ätobongianer ist? Das weiß mein Verstand auch nicht. Aber es fühlt sich verdammt gut an, ein Ätobongianer zu sein. Gerade wegen der Sinnlosigkeit befreit die Wiederholung dieses Satzes den Geist.

Nimm den Zettel mit in Deinen Tag und lass die Worte ab und zu laut oder leise auf Deiner Zunge zergehen. Achte dabei auf ihre Wirkung. In jedem Gedanken ist eine bestimmte Daseinsfrequenz verborgen. Was kommt ins Schwingen, wenn Du ihn leise sagst? Was fühlst Du, wenn Du ihn denkst? Welche Assoziationen tauchen auf? Was spürst Du bei diesem Gedanken in Deinem Körper?

Es geht bei dieser Übung nicht darum, an ein bestimmtes Ziel zu gelangen, sondern darum, Dein Denken von künstlichen Limitationen zu befreien. Wenn Du die Übung regelmäßig machst, garantiere ich Dir einen Schub an Kreativität, Freude und spannenden Erkenntnissen.

Für Fortgeschrittene: Wähle hin und wieder einen Gedanken, vor dem Du Dich fürchtest oder der Dir peinlich ist.

Beispiel: »Ich habe Sexfantasien mit meiner Nachbarin.« – »Ich bin total neidisch auf das große Auto meines Chefs.« – »Ich bin ein kleines, gieriges Arschloch.« – »Mein gesamtes Leben ist total sinnlos.« Auch hier geht es nicht darum, etwas zu verändern, sondern lediglich darum, Dein Denken zu entgrenzen.

LASS DICH, WIE DU BIST

Ein Sprichwort im Zen lautet:
Ich verändere mich nicht,
indem ich versuche,
etwas anderes zu sein, als ich bin.

Ich verändere mich,
indem ich voll anerkenne,
wer ich jetzt gerade bin.

Jedes Mal wenn wir versuchen, anders zu sein, als wir sind, beginnt ein innerer Kampf. Wenn wir denken, wir sollten netter, mutiger, schlauer ... sein, richten wir uns gegen unseren Ist-Zustand. Anstatt ihn gelöst anzunehmen und neugierig zu erforschen, verkrampfen wir. Unsere verurteilende Kraft erzeugt eine Gegenkraft, und das, was wir ablehnen, wird noch stärker. Kampf hält die Dinge da fest, wo sie sind. So sind menschliche Regungen wie Neid, Unsicherheit, Gier oder Wut nie das wirkliche Problem, sondern erst, wenn wir sie ablehnen, verwandeln sie sich in ungeliebte, destruktive Teile unseres Wesens.

Während unserer Erziehung sind uns die Benimmregeln eines »guten Menschen« vermittelt worden. »Man ist höflich, zuvorkommend, teilt gern. Man ist nicht neidisch, unsicher, nimmt sich nicht das letzte Stück Kuchen, hat keine sexuellen Fantasien mit fremden Menschen, lobt sich nicht selbst etc.« Wir haben diese Liste verinnerlicht und zensieren uns nun permanent selber. Auf Dauer ist das fürchterlich anstrengend. Es blockiert unsere natürliche, lustvolle Entwicklung. Wenn wir unseren Verbesserungszwang ablegen und uns annehmen, wie wir sind, beschenkt uns das Leben mit wunderschönen Offenbarungen.

Indem wir ungeliebte Eigenschaften in unser Bewusstsein kommen lassen und ruhig betrachten, decken sie ihren verborgenen Wert auf. Neid wird zum Boten einer tiefen Sehnsucht, Eifersucht sucht mit Eifer etwas, was für uns lebensnotwendig ist. Eine zu große Nase lehrt uns wahre Schönheit, Ohnmacht wird zur Schwellenhüterin in unser Urvertrauen. Nichts ist wirklich hässlich oder furchteinflößend, wenn es sich in Ruhe zeigen darf.

Sobald Du aufhörst, etwas darstellen zu wollen, was Du nicht bist, gewinnst Du an Souveränität. Wenn Dich Menschen dann auf Deine Schwächen und Fehler hinweisen, brauchst Du Dich nicht mehr zu verteidigen, sondern kannst gelassen nicken und schmunzelnd antworten: »Ja, das stimmt. Das hast Du gut beobachtet.«

Das größte Wunder aber musst Du vielleicht erst erleben, um es zu glauben: Wenn Du Dich selbst so annimmst, wie Du bist, beginnen sich die Dinge von ganz alleine zu verändern und zu

entspannen. Hartnäckige Probleme verschwinden, ungeliebte Eigenschaften lösen sich auf – alles, ohne dass Du etwas dafür tust. Bis heute sind weder Wissenschaftler noch Philosophen in der Lage zu definieren, was »Bewusstsein« eigentlich ausmacht. Zwei wesentliche Qualitäten des menschlichen Bewusstseins aber können uns helfen, seine heilende, lösende Wirkung zu verstehen: Gewahrsein und Lernen. Indem wir uns einer Sache voll gewahr werden, geben wir ihr eine geistige Bühne, auf der sie sich zeigen und entfalten darf. Dadurch kann sich der lernende, entwickelnde Teil unseres Bewusstseins damit beschäftigen und wird, da er unvorstellbar intelligent ist, eine neue, überraschende Lösung präsentieren.

Ich möchte Dich zu einem einfachen, aber sehr wirkungsvollen Experiment einladen, in dem es darum geht, Deinen Geist systematisch von jeglicher Zensur zu befreien.

EINE EHRLICHE BESTANDSAUFNAHME. WO UND WIE KÄMPFST DU NOCH GEGEN DICH?

Ich verändere mich,
indem ich voll anerkenne,
wer ich jetzt gerade bin.

Wenn dies stimmt, müsste bereits das bewusste Anerkennen Deiner inneren und äußeren Kriegsschauplätze zu einer entspannteren Beziehung mit Dir selbst führen. Ich bitte Dich deshalb, mithilfe der Fragen herauszufinden, in welchen Situationen Du mit Dir haderst, wo und wie Du gegen Dich kämpfst und wo Du Dir Dein JA! verweigerst. Schreibe alles, was Dir dazu einfällt, ehrlich und genau auf.

ÜBUNG: Deine äußeren und inneren Kriegsschauplätze anerkennen

Beginnen wir mit **Deinem Körper**. Markiere alle »Problemzonen« Deines Körpers und schreibe daneben, was genau Dich daran stört:

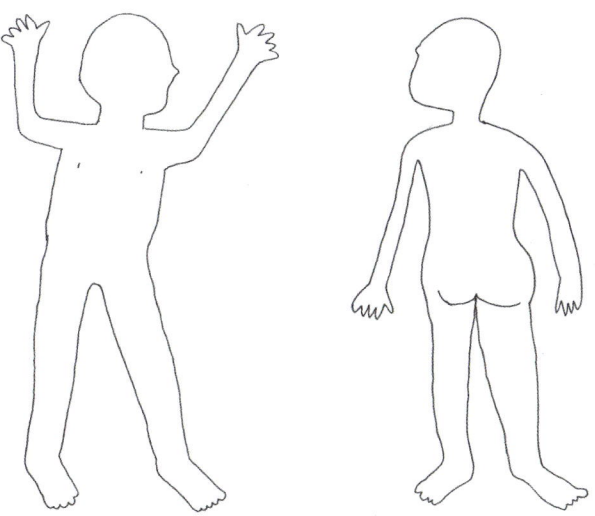

Und nun zu **Deiner Persönlichkeit**: Welche Charakterzüge und Gewohnheiten an Dir lehnst Du ab?
Gibt es Ereignisse in **Deiner Vergangenheit**, die Du Dir nicht verzeihen kannst? Was genau wirfst Du Dir vor?

Und in **Deiner Gegenwart**? Gibt es Situationen, in denen Du Dich verachtest oder klein machst?

Auf welche Arten kämpfst Du gegen Dich? Wie fühlt es sich an, wenn Du Dich nicht magst? Was machst Du dann?

Wie verletzt Du Dich mental? Welche Gedanken wiederholst Du oft, von denen Du genau weißt, dass sie Dir nicht guttun?

Verletzt Du Dich auch physisch? Wenn ja, wie?

Wie sabotierst Du Dein Glück?

Lies Dir nun Deine Antworten noch einmal aufmerksam und in Ruhe durch. Wie fühlt es sich an, wenn Du Dir ehrlich Deine Kämpfe mit Dir eingestehst?

Wenn ich diese Übung mit meinen Seminarteilnehmern oder Klienten durchführe, beobachte ich die unterschiedlichsten Reaktionen. Manche Menschen sind sehr betroffen, andere werden traurig. Wieder andere entspannt die Erkenntnis. Sie sind froh, nun besser zu verstehen, warum sie sich in bestimmten Situationen angespannt oder destruktiv verhalten.

Vielleicht fragst Du Dich gerade: »Worin liegt der Sinn, sich so genau anzuschauen, wie ich mich ablehne? Dann tut es doch nur noch mehr weh.« Das verstehe ich. Wenn Du Dich zum ersten Mal so ehrlich mit Dir beschäftigst, kannst Du Dir wahrscheinlich noch nicht vorstellen, dass diese erst einmal unangenehme Selbstenttarnung heilsam und befreiend sein wird. Zuerst muss die alte Wunde geöffnet werden, damit der Ei-

ter abfließen kann, erst dann kann sie gereinigt werden und heilen.

Du wirst feststellen, dass sich die von Dir aufgezählten Kriegsschauplätze mehr und mehr entspannen, je näher Du Dir selbst kommst. Oft bemerken wir das längere Fernbleiben unserer Probleme erst nach Monaten und nur durch Zufall. Deshalb möchte ich Dich einladen, Dir die Fragen dieser Übung immer wieder einmal zu stellen, um so Deinen Fortschritt bewusster wahrnehmen zu können.

ÜBUNG: Frieden mit Deinen inneren Widerständen schließen

Diese Übung ist die Fortgeschrittenen-Version der letzten. Ich lade Dich ein, herauszufinden, was geschieht, wenn Du Deine Widerstände gegen Dich selbst einfach nur wahrnimmst und benennst und sie bewusst nicht zu bekämpfen versuchst.

Beobachte Dich dafür im Alltag etwas genauer. Ein Hinweis, dass Du gerade etwas an Dir ablehnst, ist Anspannung. Wann immer wir im Reinen mit uns sind, ruhen wir entspannt in uns. Wenn wir etwas an uns ablehnen, verkrampfen wir uns. Wenn Du das bemerkst, frag Dich, was Du gerade ablehnst. Verändere nichts. Erkenne diesen Widerstand einfach nur bewusst an, indem Du ihn leise beim Namen nennst und akzeptierst.

Beispiele: »Heute Morgen fühle ich mich unsicher. Ich mag es nicht, wenn ich mich unsicher fühle. Ich akzeptiere meine Unsicherheit, und ich akzeptiere auch, dass ich sie nicht mag. Es ist okay, dass ich unsicher bin. Es ist okay, dass ich es nicht mag.«

»Ich spüre meine überflüssigen Pfunde gerade sehr deutlich. Ich hasse es, wenn ich zu dick bin. Ich akzeptiere, dass ich mich gerade zu dick fühle. Ich akzeptiere auch, dass ich mich dafür hasse. Es ist okay, dass ich mich zu dick fühle. Es ist okay, dass ich mich dafür hasse.«

Es ist wichtig, diese Sätze vollständig zu denken. Achte darauf, ob sich etwas entspannt, wenn Du Dir gestattest, Deine »Makel« und auch Deine Aversion dagegen mit einem deutlichen O.K. anzunehmen.

Es kann sein, dass Dein »innerer Antreiber« dem Ganzen skeptisch gegenübersteht. Der innere Antreiber ist der Teil in uns, der immer alles sofort verändern möchte. Er kann sich nicht vorstellen, dass sich die Dinge aus sich heraus entwickeln, wenn wir sie annehmen, wie sie sind. Wenn Du diese Unruhe in Dir spürst, kannst Du noch einen Satz anfügen: »Ich muss mich gerade nicht ändern. Ich habe Pause. Ich darf alles genau so annehmen, wie es ist.«

Viele meiner Klienten leiden nicht nur daran, dass sie etwas an sich nicht mögen, sie besorgen sich noch eine Extraportion Leid, indem sie sich dafür anklagen, dass sie sich ablehnen. (»Ich mag nicht, dass ich mich nicht mag.«) Das heißt, sie bestrafen sich doppelt. Wenn ich sie dann zu einem Urlaub von diesem ständigen Selbstverbesserungsanspruch einlade, entspannt sie das oft kolossal.

Probier es aus. Gönn Dir eine Pause davon, liebevoller sein zu wollen, als Du bist.

EINE STARKE ÜBUNG FÜR DEINEN INNEREN FRIEDEN

Seit dem letzten Kapitel dürfte Dir klarer sein, wo, wann und wie Du gegen Dich kämpfst. Jetzt lade ich Dich ein, bewusst Frieden mit Dir zu schließen.

Da ich Dich in diesem Buch noch zu einigen weiteren »Experimenten« inspirieren möchte, will ich Dir an dieser Stelle gern erklären, wieso so scheinbar einfache und verspielte Übungen tatsächlich eine sehr starke und nachhaltige Wirkung haben können.

Meine Klienten behaupten manchmal: »Veit, ich wäre gern glücklicher/ erfolgreicher/selbstbewusster, doch ich weiß nicht wie ich es anstellen soll.« Dann antworte ich frech: »Das ist eine Lüge.« Natürlich ist die Lösung für unser Problem manchmal noch nicht auf der bewussten Ebene unseres Verstandes angekommen, doch wir verfügen alle über einen unvorstellbar intelligenten Computer in uns: unser Gehirn. Das Gehirn – ja, auch Deines! – ist das komplexeste und intelligenteste System, das wir in unserem Universum kennen. Es besitzt ca. 100 Milliarden Nervenzellen. Jede einzelne Nervenzelle ist wiederum mit mehreren tausend anderen Nervenzellen vernetzt. Das ergibt eine fast unvorstellbar hohe Zahl an Kombinationsmöglichkeiten. Diese Superintelligenz arbeitet in jedem Augenblick Deines Lebens für Dich – und zwar ohne dass Du Dir dessen bewusst bist. So hältst Du zum Beispiel Deine Körpertemperatur in einem perfekten Bereich, egal, wie hoch die Temperatur im Raum ist. Etwas sehr Schlaues in Dir misst permanent den Sauerstoffgehalt Deiner Umgebung und passt Deinen Atem entsprechend an. Ich könnte so fortfahren und die zahllosen, biochemischen Vorgänge aufzählen, die jetzt gerade in Dir stattfinden. Alles in der Hoffnung, Dir klar zu machen, zu was für Intelligenzwunder Dein Unterbewusstsein Dein Gehirn antreibt, ohne dass wir es überhaupt bemerken.

Das Unterbewusstsein reagiert wesentlich stärker auf Bilder und Handlungen als auf Worte. Wenn Du Deine Intelligenz unterbewusst von einer neuen Richtung überzeugen willst, sind bewusst durchgeführte Rituale daher eine sehr gute Methode.

Du musst an dieser Stelle des Buches noch gar nicht wissen, auf welche Weise Du am direktesten zu einer liebevolleren Beziehung mit Dir gelangst, Du musst nur wissen, dass Du wirklich-wirklich in dieser Selbstliebe ankommen willst. Dein hyperintelligentes Unterbewusstsein wird Dir den Pfad dorthin dann schon zeigen. Es braucht lediglich einen eindeutigen Auftrag von Dir. Wenn Du die Kämpfe mit Dir selbst endgültig satt hast, ist es deshalb an der Zeit für ein starkes Friedensritual. Gib Deinem Unterbewusstsein ein starkes Signal, dass Du bereit bist für echten Frieden mit Dir.

FRIEDENSRITUAL

Rufe einen bestimmten Tag in naher Zukunft zum Friedenstag mit Dir selbst aus und schließe dann einen offiziellen Waffenstillstand mit Dir. Ich schlage Dir vor, an diesem Tag eine weiße Fahne als Zeichen des Friedens aus einem Deiner Fenster zu hängen. Vielleicht bemalst oder beschriftest Du die Fahne auch. Stell Dir vor, dass diese Fahne symbolisch für den Frieden steht, den Du Dir anbietest. Wenn Du die Fahne aufhängst, ist dies ein Willkommenssignal für alle ungeliebten Aspekte Deines Wesens. Lade alle abgelehnten Gedanken, Gefühle, Körperstellen und Verhaltensweisen ein, nach Hause zu kommen. Wenn Du möchtest, schreibe und sprich ein Gebet. Benenne konkret, mit wem oder was Du Frieden schließen willst und stelle ruhig auch eine Kerze ins Fenster.

Vielleicht wundern sich die Nachbarn, vielleicht wunderst Du Dich selbst. Umso besser. Wenn Du etwas tust, was für Dich ungewohnt ist, reagiert Dein Unterbewusstsein besonders stark. Es weiß nun, dass etwas wirklich Neues geschieht.

Hab keine bestimmten Erwartungen, wie sich der Frieden mit Dir ganz konkret zeigen wird. Vertraue einfach darauf, dass Dein Unterbewusstsein den Aufruf zur Selbstheilung genau versteht und alles auf die für Dich beste Weise in die Wege leiten wird. Lass Dich überraschen und achte in den kommenden Nächten auf Deine Träume.

Ich weiß, dass Du diese Zeilen nicht aus Langeweile liest, sondern weil Dich offene Sehnsüchte und Fragen bewegen. Daher habe ich nur Übungen aufgenommen, die bei vielen meiner Klienten eine wirklich erstaunliche Wirkung gezeigt haben. Es gibt Frauen, denen nach diesem Friedensritual plötzlich total klar war, dass sie sich nie wieder von einem Mann schlecht behandeln lassen werden; Männer, die wie aus einem langen Winterschlaf erwachen, aufstehen und für ihre Vision losgehen. Viele Menschen stellen Wochen nach dem Friedensritual erstaunt fest, dass bestimmte destruktive Verhaltensmuster einfach verschwunden sind.

PS: Wenn Du das Ritual durchgeführt hat, freue ich mich über einen Bericht und ein Foto von Deiner Fahne. Du kannst es mit Deinem Smartphone auf der Webseite www.heirate-dich-selbst. de als Inspiration für andere hochladen.

MENTALES AIKIDŌ. FRAG DICH GLÜCKLICH

Kennst Du diese Tage, an denen Du einfach total mies drauf bist? Alles, was Du anfängst, geht schief, der Himmel ist tiefgrau und Deine gesamte Umwelt scheint sich gegen Dich verschworen zu haben. Ist es nicht oft so, dass wir gerade dann, wenn wir besonders gut mit uns sein sollten, oft noch mehr mit uns hadern? Dann noch eine Runde vor dem Fernseher oder eine kleine Fressattacke ... Du weißt, dass Dir das nicht gut tut, aber Du kannst es einfach nicht stoppen.

Was kannst Du tun, wenn Du Dich in solch einer destruktiven Abwärtsspirale verrannt hast?

Es gibt ein gutes Mittel, um Deinen Geist aufzulockern und Dein Denken in eine konstruktivere Richtung zu lenken. Ich nenne es »Mentales Aikidō«[2]. Lege Dich nicht mit den vorherrschenden Gedanken an, das erregt nur Gegenwehr. Lass Deinen

---

2 Aikidō ist asiatischer Kampfsport. Das Besondere an diesem Sport ist, dass es nicht darum geht, den Gegner aktiv zu bekämpfen, sondern seine Kraft durch eine friedvolle Verteidigung intelligent umzuleiten.

Geist mümmeln, jammern, meckern und … biete ihm eine gute Frage an.

Fragen sind sanfte und gleichzeitig machtvolle Veränderungskatalysatoren, weil Du nicht gegen die alten Strukturen kämpfen musst, um sie in Deine Gedanken zu schleusen. Du nutzt dabei die Tatsache, dass der Verstand keiner Frage widerstehen kann. Er schnappt nach ihr wie nach einem Köder und kaut darauf herum, bis er die passende Antwort gefunden hat. (Mal eine kurze Zwischenfrage: Sitzt oder liegst Du gerade, während Du diese Zeilen liest[3]?)

Fragen lenken Deine Aufmerksamkeit in eine bestimmte Richtung. So entscheiden sie darüber, was Du wahrnimmst und was nicht. Ich behaupte daher, dass Du deshalb leidest, weil Du Dir ganz bestimmte Fragen stellst. Das musst und solltest Du mir nicht einfach glauben. Beobachte es selbst, wenn Du das nächste Mal unglücklich bist: Welche Fragen kommen Dir in so einer Situation in den Sinn?

In meinem Job als Berater komme ich mit vielen, sehr verschiedenen Lebensentwürfen in Kontakt. Ich stelle dabei immer wieder fest: Glückliche Menschen stellen sich einfach bessere Fragen als unglückliche, und erfolgreiche Menschen fragen intelligenter als erfolglose. **Die Qualität Deines Lebens ist** also **abhängig von den Fragen, die Du Dir stellst,** sie entscheiden darüber, wie Du das Leben und Dich erfährst. Es sind Deine

---

3 Hast Du nicht automatisch drüber nachgedacht?

Fragen – nicht die Antworten – die über Dein Glück und Leid bestimmen.

Spüre einmal in die unterschiedliche Wirkung der folgenden Fragen hinein:

»Warum geschieht mir das schon wieder?« oder »Was ist das Geschenk dieser Situation?«

»Was stimmt nicht mit mir?« oder »Was ist liebenswert an mir?«

»Wieso wiege ich schon wieder fünf Kilo zu viel?« oder »Wie kann ich jede Zelle meines Körpers mit Ekstase und Erotik durchfluten?

Deine Fragen sind niemals neutral, sie engen Dich ein oder befreien Dich; sie ermutigen oder verängstigen Dich; sie drehen den Hahn zu Deiner Lebenskraft auf oder zu; sie lenken den Blick auf den Mangel oder die Fülle Deines Lebens – was auch immer Du fragst, Du wirst eine Antwort bekommen.

Wenn Du wissen willst, *warum* Du ein Problem hast, stelle eine Warum-Frage. Dein Verstand macht sich an die Arbeit, und in kurzer Zeit hast Du eine Liste von Gründen, warum die Dinge so sind, wie sie sind. Nur ist darin leider selten eine Lösung enthalten. Du könntest Dich stattdessen auch fragen: »*Wie* kann ich dieses Problem lösen?« oder »Wie kann ich diese spannende Herausforderung schnell, sanft und leicht meistern und den Weg dahin sogar genießen?« oder »Wie komme ich jetzt so schnell und einfach wie möglich zu dem, was ich wirklich will?« Jede Frage, die Du in Deinen Geist einspeist, ist ein Auftrag an das Wunderwerk zwischen Deinen Ohren. Fütterst Du Deinen

Verstand mit dummen Fragen, beleidigst Du Deine Intelligenz. Viel zu viele Menschen hängen in den Fangnetzen kleiner, schäbiger Fragen fest. Oft haben wir sie unbewusst von Eltern, Autoritäten, Stammtischgesprächen und aus den Medien übernommen. Hier sind zum Beispiel die »essenziellen« Fragen, die die Klatschpresse ihren Lesern zum geistigen Verzehr anbietet: »Warum wurde sie als deutsche Schlampe beschimpft?« »Wird der Winter streng?« »Richtet sich Charlie Sheen zugrunde?« »Welche Wäsche trägt welches Sternzeichen?«

Hallo???! Den intelligentesten Bio-Computer[4] der Welt mit sich herumzutragen und ihn mit solchen Fragen zu programmieren, ist absoluter Wahnsinn!

Die Frage, die Du Dir am Morgen bewusst stellst, wählt das Universum aus, in dem Du heute lebst. Deshalb ist eine gute Frage wirklich unbezahlbar. Willst Du Dein Leben positiv verändern? Möchtest Du Dich neu und frisch entdecken? Willst Du Dich lieben und Dich in Dir wohlfühlen? Dann finde die passenden Fragen und spiele mit ihnen. Was wäre für Dich heute eine gute, kraftvolle, inspirierende, belebende Frage?

Hast Du schon einmal einen Weinkenner beim Genuss eines edlen Tropfens beobachtet? Allein der Anblick ist eine Sensation. Minutenlang wird der Wein in der Mundhöhle hin und her bewegt, gerollt, geatmet, geschmeckt. So machst Du es, wenn Du die richtige Frage gefunden hast: Du bewegst sie in Dir. Du lässt Dich von ihr von innen berühren, befruchten und befreien.

---

4 Dein Gehirn

Die Antwort folgt ganz sicher. Und wenn sie mal nicht sofort auftaucht? Dann trage die Frage mit Geduld in Deinem Herzen, so, wie es Rilke in seinen *Briefen an einen jungen Dichter* so vortrefflich formuliert:

Über die Geduld

Man muss den Dingen die eigene, stille ungestörte
Entwicklung lassen,
die tief von innen kommt und durch nichts gedrängt
oder beschleunigt werden kann,
alles ist austragen – und dann gebären …
…
Man muss Geduld haben …
mit dem Ungelösten im Herzen,
und versuchen, die Fragen selber lieb zu haben,
wie verschlossene Stuben und wie Bücher, die in einer sehr
fremden Sprache geschrieben sind.
…
Es handelt sich darum, alles zu leben.
Wenn man die Fragen lebt, lebt man vielleicht allmählich,
ohne es zu merken,
eines fremden Tages in die Antwort hinein.

(Rainer Maria Rilke)

ÜBUNG: Finde Deine Kraft-Fragen

Erfahrungsgemäß fallen uns dann, wenn wir sie am meisten brauchen, die richtig guten Fragen nicht ein. Deshalb lade ich Dich ein, Dir hier und jetzt eine Liste mit Deinen zehn besten Kraft-Fragen zusammenzustellen.

Kraft-Fragen sind Fragen,

- die Dich ermutigen, stärken und aufrichten,
- die den Blick auf die Chance und nicht auf das Hindernis richten,
- die Dich den Wert einer Situation und nicht den Verlust erkennen lassen.

Beispiele:

Wie muss ich jetzt und heute leben, um später zufrieden sterben zu können?

Was bringt mich zum Lachen, wann immer ich daran denke?

Was würde ich jetzt tun, wenn ich wüsste, dass es nicht fehlschlagen kann?

Wie Du solche Fragen findest? Nun, erst einmal natürlich durch Nachdenken. Vielleicht hast Du auch schon einige solcher Lieblingsfragen. Dies kann aber auch ein spannendes Gesprächsthema mit Freunden sein: Welche Fragen bringen Dich in Deine Kraft?[5]

---

5 Ich habe Dir zwanzig meiner stärksten Fragen auf www.heirate-dich-selbst.
de zusammengestellt. Du findest sie im internen Leserbereich: Passwort
»ichliebemich«

Ich empfehle Dir, Deine Kraft-Fragen aufzuschreiben und auf einem kleinen Zettel immer bei Dir zu tragen. Eine gute Frage hat mir schon in so mancher Krisensituation erlaubt, das Schiff aus dem Sturm herauszuführen.

Die 2. Tugend:

FÜHLE ALLES

Befreie die tiefe Kraft Deiner Emotionen

Ich bitte Dich kurz innezuhalten, bevor Du weiterliest, und die folgenden Fragen für Dich zu beantworten:
Was genau fühle ich in diesem Augenblick?
Bin ich ein Mensch, der generell gut mit seinen Emotionen in Kontakt ist?
Gibt es Gefühle, die mir Stress bereiten?
Wenn Du Deinen Geist von seinen Fesseln befreit hast, ist es an der Zeit, sanft die Mauern eines weiteren Gefängnisses einzureißen – die zweite Tugend der radikalen Selbstliebe besteht darin, alles zu fühlen.
Für Deinen Selbstwert ist es wesentlich, in einem gesunden, wachen, entspannten Kontakt mit Deinen Gefühlen zu sein, denn sie nehmen auf vielen Ebenen eine Schlüsselrolle ein.

1. Sie bringen Tiefe und Intensität in Dein Erleben. Sie lassen Dich Deine Wirklichkeit *spüren*.
2. Sie signalisieren Dir, wie treu Du Deinen Werten bist. Du fühlst Dich gut, wenn Du Dinge tust, die Du als wertvoll erachtest. Du fühlst Dich mies, wenn Du Deine Werte verrätst oder einen Wertekonflikt erlebst.

3. Sie sind intelligente Seismografen Deines Wohlbefindens. Kombiniert mit einzigartigen Empfindungen in bestimmten Körperteilen (Herzklopfen, nasse Hände, zugeschnürte Kehle) zeigen sie Dir, ob Du Dich in einer Situation oder mit bestimmten Menschen wohlfühlst oder nicht. Gefühle warnen Dich so vor Überlastung und Grenzüberschreitung. Sie belohnen Dich aber auch, wenn Du Dich in eine Richtung bewegst, die Dir gut tut.

4. Deine Gefühle stellen eine entscheidende Ebene der Kommunikation dar. Wenn Du den Zugang zur emotionalen Ebene eines Gespräches verlierst, verstehst Du oft nicht, wie und warum der andere so reagiert.

5. Intuition ist ein sehr feines Gefühl, das Dich in eine ganz bestimmte Richtung zieht oder Dich vor etwas warnt, ohne dass Du es rational erklären könntest.

6. Gefühle sind die energetische Schubkraft Deiner Motivation. Wenn Dir Deine Vernunft erklärt, was gut für Dich ist, Du aber emotional nicht davon berührt bist, wirst Du Dich nur widerwillig aufraffen und wahrscheinlich nicht weit kommen.

7. Gefühle trainieren Dein Verhalten. Ereignisse, die mit starken Emotionen verbunden sind, hinterlassen im neuronalen Netzwerk Deines Gehirns eine starke Prägung. So versuchst Du emotional unangenehme Ereignisse in Zukunft automatisch zu vermeiden und angenehme Momente zu wiederholen.

8. Jeder Mensch besitzt einen gewissen emotionalen Grundduft, der von anderen Menschen wahrgenommen wird und

die Beziehung stark beeinflusst. Es gibt Menschen, die latent ärgerlich wirken, andere umgibt eine Aura der Ängstlichkeit und wieder andere strahlen Ruhe und Freundlichkeit aus.

Diese Aufzählung verdeutlicht den starken Einfluss von Gefühlen auf unser Leben. Wenn Du willst, dass radikale Selbstliebe nicht nur eine hübsche, aber blutleere Idee bleibt, steht es an, die Wahrnehmung Deiner Gefühle zu schulen.

Der beste Ort, um Deine Gefühle genau kennenzulernen, ist die »EinSamenkeit«.

DAS JUWEL DER EINSAMENKEIT

Wann warst Du das letzte Mal bewusst und freiwillig ganz allein mit Dir?

Alleinsein. Was löst dieses Wort in Dir aus?

Für viele Menschen ist Alleinsein gleichbedeutend mit Einsamsein und damit ein eher unangenehmer Zustand. Wenn wir uns ohne Ablenkung nicht gut aushalten, geschweige den genießen können, erhoffen wir uns Erlösung durch einen anderen Menschen. Doch jeder, der es damit schon versucht hat, weiß, dass diese Rechnung langfristig nicht aufgeht. Wenn wir nicht mit uns selbst verbunden sind, missbrauchen wir die physische Anwesenheit anderer Menschen, um das Vakuum zu füllen. Aber etwas bleibt so in der Tiefe ungestillt. Das Gefühl, einsam zu sein, entspringt nämlich nicht dem Mangel an zwischenmenschlichen Kontakten, sondern einer gestörten Beziehung zu uns selbst. Gerade wenn Dir ein anderer Mensch sehr nahe kommt, wirst Du Dich manchmal so einsam fühlen wie nie zuvor. Nach einer besonders intimen Begegnung zum Beispiel kann sich eine Meinungsverschiedenheit wie eine Ohrfeige anfühlen; wir wachen aus der Illusion der Verschmelzung auf und fühlen uns an der Seite des anderen plötzlich mutterseelenallein . Manche Menschen überspielen diese unangenehme Erfahrung mit geheuchelter Harmonie oder lassen sich gar nicht mehr auf Beziehungen ein, damit sie nicht enttäuscht werden können.

Der Schmerz des Auf-Uns-Zurückgeworfenseins ist manchmal schwer auszuhalten, doch er ist sehr wertvoll, weil er uns nach innen zieht. Was wir in solchen Momenten dringend brauchen, ist die Vereinigung mit uns selbst. Wenn es uns gelingt, uns dem Einsamkeitsgefühl bewusst hinzugeben, verwandelt es sich in das eher neutrale Gefühl des Alleinseins und das Alleinsein wird zum AllEinsSein. Wir kommen uns näher als nah – wir kommen nach Hause. Und von hier aus, in uns, finden wir eine echte Verbindung zur gesamten Welt.

Alleinsein ist Dein natürlicher Zustand, darum kämpfe nicht dagegen an. Du bist allein auf diese Welt gekommen, Du wandelst allein durch dieses Leben (egal, wie fest Du Dir einen anderen Menschen auf den Bauch bindest), und Du wirst allein sterben. Jede einzelne Erfahrung Deines Lebens machst Du allein. Aus dem bewusst erfahrenen Alleinsein kannst Du stark und selbstbewusst in Verbindung mit jemandem treten, ohne den Schwerpunkt Deiner Erwartung auf den anderen zu verlagern.

Eine entspannte Nähe zu einem anderen Menschen ist nur möglich, wenn Du lernst, Dich mit Dir wohl zu fühlen. Laufe nicht mehr vor der Erfahrung des Alleinseins weg, sondern suche sie freiwillig. Verzichte regelmäßig für eine gewisse Zeit auf alle Zerstreuungen, die Du normalerweise benutzt, um Dir aus dem Weg zu gehen.

Ich weiß, wovon ich spreche ... Beziehungen zu beginnen war nie mein Problem. Doch die Erfahrung von Isolation und Schmerz, die ich fühlte, wenn es Missverständnisse und Meinungsverschiedenheiten gab, war für mich extrem schwer zu ertragen. Entweder zog ich mich autistisch in mein Schneckenhaus zurück oder ich ging in den wütenden Angriff, um die Verbindung wiederherzustellen. Beide waren keine besonders klugen Taktiken. Aber bevor es mir gelang, in solch heiklen Momenten friedvoll zu kommunizieren, musste ich lernen, mich in den Momenten des Alleinseins selbst gut auszuhalten. Also begann ich, bewusst Zeiten mit mir allein zu verbringen – was mir am Anfang alles anderes als leichtfiel. In den ersten dieser »therapeutischen« Begegnungen mit mir allein habe ich mich regelrecht schüchtern und unbeholfen gefühlt.

Freiwilliges Alleinsein fühlt sich, wenn man es nicht gewohnt ist, oft gar nicht angenehm an, weil wir erst einmal alle möglichen Entzugserscheinungen erfahren: Unruhe, destruktive Gedanken, Traurigkeit, Leere. Doch es lohnt sich, diese erste Phase auszuhalten, bis sich unsere Widerstände entspannen und wir etwas sehr, sehr Schönes entdecken. In diesen kostbaren Minuten, frei von Gesprächen, Medieneinflüssen und anderen Ablenkungen begegnen wir uns ehrlich und nah. Unsere Seele möchte auf so vielen Ebenen mit uns kommunizieren. Sie sendet uns Fragen, Eingebungen und Gefühle. Wenn Du in Dir zur Ruhe kommst, weißt Du plötzlich, dass alles da ist. Du entdeckst in Dir einen stillen, klaren Bergsee des Bewusstseins. Aus diesem inneren Zentrum heraus kannst Du klarer erkennen, was zu tun ist, was Dir gut tut und was nicht.

Es lohnt sich, ein freiwillig einsames Date mit Dir zur heiligen Pflicht zu machen. Ziehe Dich regelmäßig von Deinen Liebsten zurück, schalte die Geräte aus, lege alle schlauen Bücher aus der Hand und höre Dir selbst zu. Lies in den Seiten Deines Wesens. Wahrscheinlich wird Dir nicht alles gefallen, was Du in Dir entdeckst. Doch wenn Du nicht wegrennst, erlebst Du folgendes Phänomen: Die Erfahrungen – angenehm oder unangenehm – kommen und bauen sich auf. Wenn sie sich zeigen dürfen, offenbaren sie Dir ihre Botschaft, ihren Wert, ihre Lektion. Und dann … ja, dann gehen sie wieder. Je öfter Du das erlebst, desto mehr wirst Du Deine Einsamkeit für diese ausgleichenden Prozesse wertschätzen lernen. Deine innere Weisheit weiß genau, was und wie viel Du vertragen kannst und was Du jetzt erkennen und fühlen sollst. Sie strebt nach Ausgleich und heilt alte Wunden. Du machst die Erfahrung, dass es Dir möglich ist, Dich in Deinem Schmerz und in Deiner Angst allein bewusst und liebevoll zu halten. Dies schenkt Dir Souveränität im Umgang mit anderen. Doch das größte Geschenk ist eine neue Form der Intimität mit Dir selbst. Zarter als zart. Näher als nah. Du erlebst Dich eins mit Dir selbst.

In dem Wort Einsamkeit steckt auch der Begriff *ein-Samen*. Regelmäßig und freiwillig allein zu sein, gibt Dir die Gelegenheit, den besonderen Samen, den das Leben nur Dir anvertraut hat, kennenzulernen. Der *eine Samen* ist die Ahnung Deiner Möglichkeiten, der Ruf Deines Herzens, der Weg, den nur Du gehen

kannst. Die ganze Welt erzählt Dir ständig, was Du denken, fühlen und tun solltest. Familienangehörige, Chefs, Politiker, Werbeplakate – alle wollen etwas von Dir, jeder versucht, Deinen *Samen* für seine Bedürfnisse einzuspannen. Wenn Du nicht aufpasst, lebst Du so schnell das Leben eines anderen.

Ist es egoistisch, Dir diese Ein-Samen-Zeit mit Dir zu gönnen? Nein. Ich glaube, es ist Deine Pflicht. Nur jemand, der sich selbst gut kennt, kann die anderen sehen, wie sie sind und nicht, wie er sie will. Nimm Dir immer wieder Zeit, um allein zu sein. Für Dich und für uns alle.

VERLIEBE DICH NEU

Weißt Du noch, wie sich Dein erstes Verliebtsein anfühlte? Der elektrische Strom, der durch Deinen Körper floss? Deine Verzückung, wenn Du den anderen auch nur von Weitem kommen sahst? Nun, warst Du auch schon einmal so verzaubert von Dir selbst?

Ich möchte Dir eine Übung vorstellen, die Dich unterstützt, Dich auf eine gesunde Weise in Dich selbst zu verlieben: Verabrede Dich mit Dir.[6]

ÜBUNG: Das Rendezvous mit Dir

Lade Dich an einem Tag in naher Zukunft zu einem besonderen Date ein. Triff Dich ganz allein mit Dir. Überrasche Dich, durchbrich Deine Routine. Nutze diese Begegnung mit Dir für etwas, was Du noch nie getan hast. Besuche einen neuen Ort – einen, den Du schon immer

---

6 Ja, ich möchte Dich mit Dir selbst verkuppeln. Ich glaube, Ihr beiden passt hervorragend zueinander und habt Euch eine Menge zu erzählen.

kennenlernen wolltest oder der eigentlich gar nicht zu Dir passt. Was kann das sein? Ein Restaurant, in das Du normalerweise nie gehen würdest. Ein Museum, das Dich (eigentlich) gar nicht interessiert. Ein Kiez in Deiner Stadt, in dem Du noch nie warst, ein Berg, ein Zoo, ein Schlachthaus, eine Diskothek, ein Friedhof, ein Massagestudio. Tue etwas Neues und vor allem: Tue es allein. Erlebe Dich neu und nur mit Dir. Lausche Dir. Fühle Dich. Beobachte Dich. Was hast Du Dir zu erzählen? Was möchtest Du Dir selbst zeigen?

Ich verspreche Dir, dieses Date wird Dich verblüffen und ungemein bereichern, wenn Du die folgenden Bedingungen beherzigst:

- Es sollte niemand anderes dabei sein.
- Lege einen konkreten Termin fest.
- Plane mindestens vier Stunden ein.
- Lenke Dich nicht ab. Es ist wichtig, dass Du in dieser Zeit nicht arbeitest oder etwas »Nützliches« tust.

Es ist eine Zeit, um zu lauschen, um Dich für Einsichten und Inspiration zu öffnen. Dein kreatives Bewusstsein braucht solche Routineunterbrechungen, um Dich selbst neu zu entdecken. Probiere es aus, verzaubere Dich. Ich wünsche Dir viel Freude und Staunen bei Deiner Eroberung!

Es ist gut möglich, dass die Hüter Deiner alten Strukturen versuchen werden, das Treffen hinauszuzögern, Dir einzureden,

Du habest keine Zeit oder das Treffen durch die Anwesenheit eines anderen zu verwässern. Tricks Dich nicht selber aus. Und lass Dich auch nicht irritieren, wenn sich das erste Date mit Dir am Anfang verklemmt anfühlt.

Ich verabredete mich das erste Mal mit mir zu einem Vollmond-Dinner, hoch oben im Berliner Fernsehturm. Die erste halbe Stunde war eine Qual. Ich wusste nichts mit mir anzufangen, und die anderen Gäste warfen mir mitleidige Blicke zu. Wahrscheinlich dachten sie, eine Frau hätte mich versetzt. Doch dann kam ich innerlich an und begann die Zeit wirklich zu genießen. In mir entspann sich ein höchst aufschlussreicher Dialog über mein Leben. Ich notierte die wichtigsten Ideen in ein kleines Notizbuch und kehrte hoch inspiriert in meinen Alltag zurück.

DIE MINUTENREVOLUTION

Manchmal erlaube ich mir einen Anflug von Nostalgie. Dann denke ich an die Sommerferien zurück, die ich als kleiner Bub bei meiner Urgroßmutter auf dem Land verbrachte. Es gab jeden Morgen das gleiche Frühstück, die Tasse stand immer exakt am selben Fleck. Kein Computer, kein Smartphone, nur ein alter Schwarz-Weiß-Fernseher. Jeden Tag geschah dasselbe – verglichen mit heute in Zeitlupe. Jeder kannte jeden, jeder hatte Zeit. Diese Sommermonate waren Nektar für meine Kinderseele.

Ich lebe gern heute und hier. Gleichzeitig frage ich mich aber, ob oder wie wir es wohl noch einmal schaffen werden, das Hamsterrad der Welt zu entschleunigen. Ich erlebe viele meiner Bekannten und Klienten am Limit ihrer Kapazität, die tagtäglich auf sie einströmenden Reize zu verarbeiten. Das ist nicht gut und verursacht enorm viel Leid für alle Beteiligten. Doch stellt sich nicht auch bei denen, die noch alles halbwegs im Griff zu haben scheinen, wenn sie am Abend todmüde ins Bett fallen, immer öfter die Frage: Wo bin ich heute eigentlich gewesen?

Unser Leben bietet ein atemberaubendes Spektrum an Möglichkeiten. Wir stehen in einem Dauerfeuer von Informationen, die verarbeitet werden wollen. Wer da nicht sehr zentriert und klar ist, geht zu Boden. Ich halte nichts von Retroromantik, à la »Früher war alles besser«. Wir haben es genauso gewollt, sonst wäre es anders. Dennoch, es wäre gut, wenn mehr Menschen öfter innehielten und sich mutig die Frage stellten: »Was tue ich gerade? Was will ich wirklich-wirklich?«

Vor Jahren las ich einmal eine Berechnung, wie verblüffend viele Stunden unserer kollektiven Arbeitszeit wir nur noch Systeme bedienen, die wir eigentlich nicht brauchen. Wir haben ein Monstrum der Geschäftigkeit erschaffen – jetzt frisst es uns. Es muss sich etwas ändern, und es wird sich etwas ändern. Entweder mit unserer Mithilfe oder durch einen Crash. Damit es möglichst sanft geschieht, braucht es viele, viele Menschen, die nicht mehr auf die anderen warten, sondern ihr Leben selbstverantwortlich zurückerobern.

Wenn Du es mit der Selbstliebe ernst meinst, hole Dir Dein Leben zurück. Lass Dich nicht vom Sog der Masse hypnotisieren und fall nicht auf den inneren Antreiber herein, der Dir ins Ohr flüstert: »Es muss, es muss, es muss!« Spätestens wenn Du zusammenbrichst, wirst Du feststellen müssen: Es muss nicht.

Ich beobachte oft bei meinen Klienten, dass sie nichts verändern, obwohl es dringend nötig wäre. Sie wissen einfach nicht, wo sie anfangen sollen. Ihr Leben fühlt sich an wie ein unaufgeräumtes Zimmer, es sieht so chaotisch und komplex aus, dass sie denken: »Das schaffe ich nie!« Also setzen sie Scheuklappen auf und rennen weiter, bis alles zusammenbricht.

Dabei ist es ganz einfach: Fang einfach an. Gewinne heute die Hoheit über Dein Leben zurück. Beginne ganz klein, starte mit

einer achtsamen Minute, die Du etwas bewusster und entspannter verbringst als gewöhnlich. Klingt zu banal? Dafür ist es machbar. Und ob Du es glaubst oder nicht, diese eine Minute kann alles verändern. Sie lässt Dich schmecken, wie sich Leben anfühlt, wenn bei Dir jemand zuhause ist. Sechzig erfüllte Sekunden wecken eine Ahnung in Dir, wie es sein kann, wenn Du lebst und nicht nur gelebt wirst. Du musst dafür nicht einmal innehalten. Tue einfach das, was Du in dieser Minute tust, nur eben sehr bewusst.

Gehst Du jeden Tag zu Fuß zu Deiner Arbeit? Dann gehe heute diesen Weg eine Minute lang so wach, als könnte sich jeden Augenblick ein Tiger aus dem Dschungel auf Dich stürzen. Oder stell Dir vor, dass Dir in diesen sechzig Sekunden großes Glück widerfahren wird. Das ist nicht einmal gelogen. Wenn Du wirklich in Dir erwacht bist, elektrisiert vom Scheitel bis zur Sohle, offenbaren sich Dir überall großartige Chancen und Erkenntnisse. Wenn Du auf Autopilot geschaltet hast, verpennst Du sie. Trinke eine Minute der Wachheit so intensiv, als wenn sie Deine letzte wäre.

Vielleicht brauchst Du ja gar keine Therapie, keine Kur und auch keine Psychopharmaka. Vielleicht fehlen Dir einfach Momente der entspannten Langsamkeit, in denen sich Dein System sortieren und neu ausrichten kann. Ein Sprichwort der Sufis sagt: »Gott hat jedem Menschen eine bestimmte Anzahl Atemzüge geschenkt. Wie du deine erlebst, das liegt bei dir.« Wie wäre es, wenn Du – als einen Akt der Selbstliebe – beschließt, eine Minute jeden Tages sanft, tief und genussvoll zu atmen?

Viele Menschen erleben die Dinge, die sie tun und die um sie herum geschehen, nur noch mit dem Kopf. Wir nehmen ein Gespräch, ein Essen, ja selbst so etwas Intensives wie Sex nur noch auf mentaler Ebene wahr, anstatt uns ganz von dem Augenblick erfassen zu lassen. Das ist schade. Denn so verpassen wir die Chance, das, was unseren Geist gerade berührt, auch im Körper und in unseren Gefühlen ankommen zu lassen.

ÜBUNG: Spüre den Unterschied

Wenn Du möchtest, probiere den Unterschied gleich einmal aus. Du kannst das Buch lesen *und* Dich dabei spüren. Lies diese Zeilen bitte etwas langsamer, halte immer wieder einmal kurz inne und spüre dabei Deinen Körper – zum Beispiel die Unterlage, auf der Du sitzt, liegst oder stehst. Geht das?

Was empfindest Du? Wo nimmst Du Deinen Körper am deutlichsten wahr?[7]

Lass Deine Augen entspannt über diese Buchstaben gleiten und fühle Deinen Atem. Wo kannst Du ihn am besten wahrnehmen? Vielleicht an der Innenseite Deiner Nasenflügel? Vielleicht im Heben und Senken Deiner Brust? Lass Deinen Atem frei strömen, ohne ihn zu manipulieren. Nimm ihn einfach nur wahr und spüre, wie er kommt und wieder geht. Und jetzt lade ich Dich ein, Dir eine sehr bewusste Minute Deines

---

7 Komm schon, mach mit.

Lebens zu gönnen. Halte für eine Minute mit dem Lesen inne und genieße sie, als wäre sie die erste und die letzte Minute hier auf Erden. Nimm dabei bewusst Kontakt zu Deinem Atem auf. Atme möglichst sanft und liebevoll in Deinen Bauch hinein.

Und, wie geht es Dir jetzt? Hattest Du Schwierigkeiten, das Lesen für sechzig Sekunden loszulassen? Der innere Antreiber braucht diesen angestrengten Sog nach vorn. Er möchte uns weismachen, dass wir etwas sehr Wichtiges verpassen, wenn wir nicht mehr mitrennen. Dabei ist es genau andersherum. Du verpasst alles, wenn es Dir nicht mehr möglich ist, eine Minute *nichts* zu tun.

Ich würde Dich gern zu einem weiteren Experiment einladen: Erlaube Dir, noch etwas sanfter und tiefer ein- und auszuatmen. Vielleicht wird Dein Körper dabei weicher. Erlaube Deinen Schultern bei jedem Ausatmen, sich etwas mehr zu entspannen. Geht das? Jetzt schau Dich für ca. eine Minute bewusst in Deiner Umgebung um und fühle dabei weiter Deinen tiefen und weichen Atem.

Kann es sein, dass sich Deine Wahrnehmung der Umgebung durch diese kleine Übung bereits verändert hat? Fühlst Du Dich vielleicht etwas präsenter als noch vor Deiner Pause?

Dann konzentriere Dich jetzt einmal auf Deine Ohren. Höre wieder für einen Augenblick auf zu lesen und lausche so intensiv wie möglich Deiner Umgebung. Versuche, alle Geräusche, selbst die leisesten, wahrzunehmen. Es kann Deine Konzentration unterstützen, wenn Du die Geräusche gleichzeitig kurz benennst.

Wie geht es Dir nun? Fühlst Du Dich präsenter?

Du hast gerade ein einfaches und gleichzeitig sehr wirkungsvolles Prinzip angewandt. Jedes Mal, wenn Du einen Aspekt Deiner Realität bewusst wahrnimmst, verstärkt sich Deine Präsenz. Das Objekt Deiner Aufmerksamkeit kann alles sein – Dein Atem, der Boden unter Deinen Füßen, die Berührung von menschlicher Haut, das bewusste Eintauchen Deiner Hände ins Spülwasser oder das genussvolle Kauen Deiner Lieblingsspeise.

Um stressfreier, bewusster und damit erfüllter zu leben, musst Du nicht Deine ganze Existenz umkrempeln und als Heiliger in einer Höhle wohnen. Rufe leise und entschlossen die Minutenrevolution aus. Hole Dir heute eine Minute Deines Lebens zurück. Und morgen wieder. Du brauchst dafür keine zusätzliche Zeit. Mach, was Du sonst auch tust, aber erlebe es bewusst.

Stelle Dir in den ersten Tagen ruhig einen Wecker dafür. Erlebe dann die anschließende Minute sehr intensiv und wach und tue in dieser Minute immer nur eine Sache und die ganz bewusst. Es hilft am Anfang, wenn Du die Sache benennst. (»Jetzt laufe ich. Jetzt esse ich.«)[8] Wo kannst Du Deinen Körper dabei am deutlichsten spüren (beim Laufen vielleicht an den Fußsohlen, beim Essen am Gaumen etc.)? Atme, während Du der Handlung nachgehst, einige Male bewusst tiefer und langsamer aus.

Nimm Dir am ersten Tag wirklich nur eine Minute vor. Wenn Du feststellst, dass Dir das gut getan hat und Du mehr davon willst, holst Du Dir am nächsten Tag zwei Minuten zurück. Entweder hintereinander oder zu verschiedenen Tageszeiten.

---

8 Bitte mach das leise, sonst bekommst Du Probleme.

Klingt das zu schlicht? Nicht radikal genug?

Lass es uns kurz durchrechnen: Wenn Du die Minutenrevoluti-on konsequent ein Jahr lang durchführst, sind das am Ende 365 Minuten beziehungsweise sechs Stunden. Sechs Stunden wirk-lich da sein! Sechs Stunden in klarer, bewusster Präsenz. Würde dies Dein Leben radikal verändern? Wie viel mehr Kraft und Freude würden Dir zur Verfügung stehen?

Die wohltuenden Effekte – Klarheit, Präsenz, Entspannung – halten auch nach der Übungsminute eine Weile weiter an. Je öfter du übst, desto mehr gewöhnt sich Dein System daran, au-tomatisch in die Präsenz des Augenblicks zu gehen.

Du sparst so viel Energie. Wenn Du die Gegenwart bewusst er-lebst, unterscheidest Du klarer zwischen wesentlichen und un-wesentlichen Dingen. Die meiste Energie vergeuden wir nicht mit den Dingen, die wir tun, sondern durch die Art, WIE wir die Dinge tun. Ärger, Sorgen und Zweifel sorgen für einen gro-ßen Reibungsverlust. Achtsamkeit sammelt Deine ganze Po-wer hier, in diesem Moment. Hier und jetzt kannst Du Dich we-der ärgern noch sorgen. Du lebst einfach, wach und intensiv.

Alle erfolgreichen Menschen, die ich kenne, zeichnen sich durch eine starke Gegenwärtigkeit aus. Sie sind hundertprozentig bei dem, was sie tun. Sie wissen genau, was sie jetzt wollen, und des-halb bekommen sie es auch so oft. Da sie eine Sache nach der an-deren hochkonzentriert behandeln, erledigen sie an einem Tag zehnmal mehr als ein normaler Mensch, der ständig abschweift. Achtsamkeit fördert Deine Gesundheit. Es gibt mittlerweile viele Untersuchungen, die beweisen, dass achtsam erfahrene

Minuten unseren Stresspegel senken, das Immunsystem stärken und uns langsamer altern lassen. Wenn Du wirklich bewusst und wach bist, bist Du wesentlich weniger anfällig für all die Versuchungen, von denen Du weißt, dass sie Dir nicht gut tun. Du hörst vielleicht noch nicht ganz mit dem Rauchen auf, doch Du rauchst ein paar Zigaretten weniger. Du isst immer noch sehr gerne, doch Du nimmst eher wahr, dass Du satt bist.

Achtsamkeit fördert Lernprozesse. Wenn Du gegenwärtig lebst, »verdaust« Du das Feedback des Lebens effektiver. Du bist aufnahmebereiter, schlussfolgerst schneller und korrigierst eleganter.

Und last, but not least: Dein Sex wird viel, viel besser. Nein, das ist jetzt kein Werbetrick! Es stimmt. Das zentrale Element, das Du in allen Tantrabüchern und modernen Sexratgebern finden wirst, ist ...? Achtsamkeit! Wenn Du lernst, beim Sex wirklich anwesend zu sein, brauchst Du keine Technik mehr. Dein Körper führt Dich. Du spürst viel deutlicher und intensiver, was Dir wirklich gut tut. Dein Lustempfinden verfeinert sich. Du kannst die sexuelle Energie stärker kommen lassen und bewusst mit ihr spielen. Du erfährst Deine Orgasmen tiefer und länger.

So. Also wenn Du jetzt noch keine Lust auf Achtsamkeit hast, kann ich Dir auch nicht helfen!

Mach keine große Sache draus, aber warte auch nicht länger. Hol Dir Dein Leben zurück. Und tricks Dich nicht aus, indem Du es vergisst. Halte jetzt kurz mit dem Lesen inne und schreibe Dir eine Nachricht an eine Stelle, wo Du es morgen lesen

musst. An den Spiegel, auf den Schreibtisch, an den Kühl-
schrank oder auf Deine Handfläche. Schreibe:
DIE MINUTENREVOLUTION HAT BEGONNEN. HEUTE
HOLE ICH MIR MEIN LEBEN ZURÜCK!

EMOTIONALE FREIHEIT

Wenn Dein Leben ein Film wäre, wie würdest Du seinen emotionalen Grundton beschreiben? Ist es ein nüchterner Dokumentarfilm? Ein mit Paranoia spielender Hitchcock? Ein Drama wie *Titanic*? Ein hochromantisches Epos wie *Jenseits von Afrika*? Verläuft Dein Lebensfilm so langweilig, dass Du selbst dabei einschläfst, oder ist es Dir manchmal zu viel an Aufregung? Welche Gefühle dürfen sein und bei welchen drehst Du schnell den Ton ab? Erlaubst Du Dir die ganze emotionale Bandbreite? Die Entstehung von Emotionen lässt sich auf vielen Ebenen erklären, zum Beispiel biochemisch (durch die Ausschüttung verschiedener Hormone), physisch (durch eine veränderte Körperhaltung und Atmung) und psychologisch (durch das Wechselspiel zwischen unserem Denken und Verhalten). Die für mich passendste Erklärung von Emotionen findet sich in dem englischen Wortspiel: E-Motion = *energy in motion*. Emotionen sind Energie in Bewegung. Sie sind die energetische Grundfrequenz, in der wir unser Leben erfahren. Ihre Schwingung kann sich angenehm oder unangenehm, leicht oder schwer, hell oder dunkel, dicht oder offen anfühlen. Der unsichtbare, dennoch gut wahrnehmbare Energie-Körper unserer Gefühle verhält

sich häufig den ganzen Tag über relativ ruhig, um dann plötzlich, provoziert durch einen kleinen Auslöser, anzuspringen und eine emotionale Welle von Begeisterung, Trauer, Angst oder Wut auszulösen. In solchen intensiven Momenten kann er einen Großteil unserer Aufmerksamkeit binden. Wir können dann nicht mehr klar denken und tun manchmal Dinge, die uns im Nachhinein lächerlich und irrational vorkommen. Kennst Du solche Momente? Welche Auslöser lassen Dich die Fassung verlieren?

Emotionale Unfreiheit äußert sich in zwei Extremen: Entweder unterdrücken wir unsere Gefühle, weil wir uns vor ihnen fürchten, oder wir verlieren uns in ihnen. Egal wie, ausgeliefert sind wir ihnen so immer. Der Kampf gegen Gefühle kostet enorm viel Lebenskraft, die dann an anderer Stelle nicht zur Verfügung steht. Außerdem erschöpft uns diese Kontrolle, und sie raubt uns Lebensfreude. Auch unsere Umgebung bekommt die Anspannung zu spüren. Wenn wir uns hingegen in unseren Gefühlen verlieren, gleichen wir einem steuerlosen Boot auf hoher See. Unsere emotionalen Wellen sorgen zwar für viel Bewegung, doch wir kommen selten da an, wo wir eigentlich hinwollten.

Selbstachtung entsteht, wenn wir lernen, bewusst Kontakt mit unseren Gefühlen zu halten, sie adäquat auszudrücken und zugleich ruhig zu beobachten. Wir erfahren so, dass wir ihnen nicht ausgeliefert sind. Wir sind größer als unsere Gefühle und wir können sie auf eine selbstbewusste Weise nutzen. Je besser wir uns emotional kennen, desto natürlicher gelingt es uns, auch unangenehme Gefühle in wertvolle Erfahrungen zu verwandeln und sogar angenehme Gefühle bewusst zu erzeugen. Dieser kluge Umgang mit unseren Gefühlen entsteht nicht von selbst. Er setzt unsere Bereitschaft voraus, sie über einen längeren Zeitraum mit der Entschlossenheit eines sanften Kriegers zu schulen. Die meisten Menschen erleben hin und wieder Situationen, in denen sie mit Gefühlen konfrontiert sind, die sie nicht aushalten zu können glauben. Das sind dann die Momente, in denen wir Dinge tun, die wir später bereuen. Wir essen oder trinken zuviel. Wir sagen verletzende Worte. Wir rennen weg, obwohl wir gehalten werden möchten.

Deine emotionale Freiheit beginnt damit, diese (scheinbar) unerträglichen Schlüsselsituationen aushalten und fühlen zu lernen.

Mein emotionales Minenfeld war und ist die Beziehung zu meiner Frau. Andrea verfügt über freien Zutritt zu all meinen »emotionalen Triggerpoints«. Eine Geste von ihr reicht, um mich aus einem friedvollen Nirwana in einen Abgrund von Wut und Schmerz zu schleudern. Auch nach 18 Jahren glücklicher Ehe gibt es diese Momente noch, und ich freunde mich mit der Vorstellung an, dass ich diese Achillesferse bis an mein Lebensende besitzen werde. Der Schmerz fühlt sich wie das Zerreißen meines Herzens an. Mein Verstand versucht mich jedes Mal zu überzeugen, dass ich das nicht aushalten kann und auch nicht sollte. Gab ich früher seinen Argumenten nach, verwandelte sich der Schmerz in Wut. Ich suchte kurzfristig Erlösung, indem ich laut wurde oder entrüstet mit den Türen knallte.

Doch dies war keine Befreiung, sondern nur ein Wegrennen. Glaube mir, ich habe in zwei Jahrzehnten Bewusstseinsbusiness viele therapeutische Methoden und Ansätze kennengelernt und ausprobiert. Zwischendurch dachte ich immer wieder, nun endlich den wirklichen Auslöser für den Schmerz gefunden zu haben, bestimmte Situationen in meiner Jugend, in meiner Kindheit, bei meiner Geburt, vor meiner Geburt … Wenn Du therapieerfahren bist, dann weißt Du sicher, was ich meine. Und wenn Du noch nicht damit angefangen hast, kann Dir dieses Kapitel vielleicht so manchen Irrweg ersparen.

Wir wollen das Leben verstehen, bevor wir uns hingeben. Doch tatsächlich verstehen wir es erst, wenn wir uns hingegeben haben. Alle meine Therapiesessions waren ein Versuch, zu analysieren, warum es immer wieder weh tut. Die verzweifelte Suche nach der EINEN Ursache und wenn Du die findest, ist alles gelöst. Ha! Für einen kurzen Moment glaubst Du, alles erkannt, ja sogar geheilt zu haben. Bis Du in Deinem Alltag wieder vor dem Gefühl stehst, was Du doch wegtherapieren wolltest. So wechselten sich bei mir viele Erklärungsmodelle und Methoden ab. Doch letzten Endes lief es für mich darauf hinaus, diesen tiefen Schmerz als mir zugehörig zu akzeptieren, ihn willkommen zu heißen und möglichst sanft aushalten zu lernen. Seitdem ich ihn als mein Trainings- und Reifungsfeld akzeptiert habe, bin ich viel öfter und tiefer in Frieden mit mir.

Die vielen ehrlichen Gespräche mit meinen Freunden und Klienten haben mich zu der Überzeugung gebracht, dass wir unter unseren so unterschiedlichen Fassaden alle diesen existenziellen Schmerz in uns tragen. Natürlich geht jeder anders damit um.

Wie ist es mit Dir? Wo in Deinem Leben fühlst Du manchmal einen tiefen emotionalen Schmerz, den Du versuchst, mit Ablenkung, mit Wut, mit Geschwätz zu überdecken?

Was wäre, wenn er einfach sein dürfte?

Was wäre, wenn Du nicht mehr dagegen kämpfen, sondern Dich bewusst hingeben würdest?

Was oder wen machst Du manchmal für dieses unangenehme Gefühl verantwortlich?

Wenn Du bereit bist, diesen Schmerz voll als *Dein* anzunehmen, wird bald klar, dass er viel älter ist als jede auslösende Situation. Wenn Du in seinem Feuer stehenbleibst, wird er Dich zu seiner Wurzel führen – unser Nichtwissen, wer wir wirklich sind. Je mehr Du Dich von Dir entfernt hast, je länger Du schon nicht mehr Deiner wahren Spur folgst, desto tiefer schmerzt es. Der Schmerz, den wir fühlen, wenn uns andere Menschen enttäuschen, erinnert uns nur daran, dass bei uns niemand zuhause ist. Jemand anderen im Außen für Deinen Schmerz im Innen verantwortlich zu machen, ist angenehm. Grollen, Schimpfen, Vorwürfe ... all dies erleichtert uns für einen Moment. Es nimmt den Druck aus dem System. Doch es löst nachhaltig nichts. Es bringt Dich nicht nach Hause, sondern führt Dich von Dir weg. Wenn Du das erkennst, bist Du bereit, Dich hinzugeben. Wenn Du Dich diesem intensiven Gefühl, vor dem Du solange weggerannt bist, bewusst aussetzt, steigt seine Intensität erst einmal an. Sie wird so heiß, dass Du an einen Punkt kommst, an dem

Du glaubst, es nicht mehr ertragen zu können. Wenn Du Dich über diesen Schwellenpunkt hinaus hingibst, offenbart sich eine noch tiefere Schicht: Ohnmacht. Davor fürchten sich die meisten Menschen am meisten. Wenn es Dir gelingt, auch das nüchtern zu erfahren, wird es still. Komplett still, denn dann bist Du zuhause.

Unsere Gesellschaft hat viele Ablenkungen installiert, um unangenehmen Gefühlen aus dem Weg zu gehen. Doch das ist kultivierte Sklaverei. Ein Mensch, der vor seinem inneren Erfahrungsraum flieht, ist leichter manipulierbar. Deine gesamte emotionale Bandbreite bewusst willkommen zu heißen, ist kein Masochismus, sondern Freiheit. Jedes Mal, wenn Du faule Kompromisse eingehst, tust Du dies nicht wegen der praktischen Konsequenzen, die Du fürchtest. Nein, in Wahrheit versuchst du, bestimmte emotionale Erfahrungen zu vermeiden. Menschen lügen nicht, weil sie sich vor der Wahrheit fürchten, sondern vor den Emotionen, die damit verbunden sind. Wer lernt, Schmerz, Angst, Ohnmacht, Wut oder Lust achtsam und zentriert zu fühlen, trifft seine Entscheidungen selbstbestimmter.

Vor welcher Emotion rennst Du manchmal weg? Wie äußert sich das in Deinem Verhalten? Wenn Du frei sein willst, dreh den Spieß um. Eli Jaxon Bear, einer meiner wichtigsten Lehrer, nannte es den freiwilligen Scheiterhaufen: Anstatt Deinen inneren Erfahrungen auszuweichen, bleib stehen und lass ihr Feuer kommen. Geh nicht ins Drama, sondern fühle die Emotion vollständig und nüchtern.

Wenn Du Deinen emotionalen Innenraum weitest, machst Du fünf erstaunliche Entdeckungen.

1. Du fühlst Dich souveräner. Du lernst, Dich ruhig auszuhalten und sogar zu genießen. Das stärkt Deine Selbstachtung und macht Dich unabhängiger von anderen.

2. Indem Du Deinen Gefühlen gestattest, sich zu zeigen, können sie Dich lehren und führen. Sie erzählen Dir auf eine sehr eindrückliche Art von verpassten Chancen, heiligen Wünschen und alten Wunden, die jetzt geheilt werden möchten.

3. Wenn ein Gefühl wie Neid einfach sein darf, wirst Du erleben, wie es sich von ganz allein entspannt und in ein anderes Gefühl hinein verwandelt. Wenn Du nichts unterdrückst, kümmert sich Dein inneres Ökosystem selbstständig um Ausgeglichenheit. Das zu beobachten stärkt Dein Vertrauen in Deine unbewusste Intelligenz.

4. Du gewinnst zweifach Kraft zurück. Du musst nicht mehr gegen das Gefühl kämpfen, und seine vitale Lebensenergie steht Dir zur Verfügung.

5. Du entdeckst die wichtigste Funktion Deiner Gefühle: Sie fungieren als Wegweiser. Kommst Du von Deinem Weg ab, melden sich die unangenehmen Gefühle zu Wort. Zuerst wirst Du unruhig, dann wütend, irgendwann traurig, depressiv und schließlich tief resigniert. Bewegst Du Dich in die richtige Richtung, nehmen Deine positiven Emotionen langfristig zu. Du erfährst häufiger und intensiver Frieden und Ekstase.

STILL IM FEUER STEHEN

Ich werde öfter gefragt, was ich unter »nüchtern fühlen« verstehe. Nüchtern und fühlen, widerspricht sich das nicht? Emotionen nüchtern zu fühlen, bedeutet, sie im physischen und emotionalen Körper vollständig wahrzunehmen (zum Beispiel als Brennen, Druck oder Kälte), im Geist jedoch still dabei zu bleiben. Das Drama entsteht erst, wenn wir diese Empfindungen mit einer Geschichte verbinden, zum Beispiel mit Gedanken darüber, wer uns verletzt hat oder was alles passieren kann. Dann fühlen wir nicht mehr, sondern wir leiden. Drama entsteht nicht durch Gefühle, sondern durch das dazugehörige Kopfkino.

Gefühle sind flüchtig. Wenn wir mit dem Geist kein Holz nachlegen, wird ihr Feuer immer kleiner und erlischt irgendwann. Nüchtern fühlen ist der schmale Grat zwischen dem Unterdrücken und dem ungezügelten Ausleben einer Emotion. Es erfordert geistige Disziplin, doch es lohnt sich sehr. Ich möchte Dir an einem Gedicht von dem persischen Mystiker und Dichter Rumi illustrieren, wie die drei Möglichkeiten aussehen, mit Deinen Gefühlen umzugehen.

Dieses Menschsein ist ein Gasthaus.
Jeden Morgen eine neue Ankunft.
Eine Freude, eine Depression, eine Gemeinheit, eine plötzliche
Erkenntnis kommen wie ein unerwarteter Besucher.
Heiße alle willkommen und unterhalte sie!
Sogar wenn's ein Haufen Sorgen sind, die in Deinem Haus brutal
die Möbel hinausfegen.
Trotzdem, behandle jeden Gast ehrenvoll.
Vielleicht putzt er Dich heraus für eine neue Freude.
Der dunkle Gedanke, die Scham, die Bösartigkeit,
empfange sie an der Tür mit einem Lachen und lade sie ein.
Sei dankbar für was immer auch kommt, weil jeder gesandt wurde
als Führer dessen, der von weiter her kommt.
(Rumi)

Und nun prüfe bitte, in welcher der Möglichkeiten, mit Deinen Emotionen umzugehen, Du Dich wiederfindest. Ist es nur eine, sind es alle drei?

Variante 1: Du unterdrückst Deine Emotionen

Du öffnest die Tür zu Deinem Gasthaus nur für ausgewählte Gäste, alle anderen werden ausgesperrt. Du stehst in permanenter Hab-Acht-Stellung an der Schwelle Deines Bewusstseins, um sicherzustellen, dass nur gute, angenehme Gefühle eintreten. Menschen, die sich so verhalten, wirken steif und künstlich. Außerdem sitzen sie auf einem Pulverfass: Irgendwann explodieren oder implodieren sie.

Variante 2: Du verlierst Dich im Drama

Dein Gasthaus ist für jeden Gast offen. Doch anstatt ihnen gelassen und ruhig zu begegnen, reagierst Du stark auf alle, die hereinkommen. Du gehst wütend, heulend oder hysterisch-lachend auf jeden Deiner Gäste ein. Von jedem lässt Du Dich mitreißen wie von einer starken Welle. Am Ende Deines Tages bist Du erschöpft. Hinter Deinem Drama verbirgt sich die Sucht nach Erregung. Dramaqueens und -kings suchen stets neue Anlässe (Leidensgeschichten), um ihre Lieblingsgefühle hochkochen zu können.

Variante 3: Du fühlst nüchtern

Jeden Morgen öffnest Du neugierig die Fenster und Türen Deines Gasthauses und setzt Dich entspannt in die Mitte Deines Raumes. Oft ist es still. Manchmal besuchen Dich Gäste, die das ganze Gasthaus zum Beben bringen. Du lässt sie kommen und bleibst in Dir zentriert. Die Gäste erzählen Dir ihre Geschichten, aber Du weißt, dass sie nicht unbedingt die Wahrheit sprechen. Du lässt Dich von ihrem lautstarken Auftreten nicht einschüchtern. Du fühlst ihr Echo in Deinem Körper. Wo kannst Du die Wut am deutlichsten spüren? Wie fühlt sich Angst an? Du lässt sie alle kommen. Du begegnest ihnen mit einem offenen Herzen und der Neugierde eines Forschers. Du beobachtest und fühlst, wie die Emotion in Dir aufsteigt, ihren Höhepunkt erreicht und ... wieder verschwindet. Am Ende des Tages, wenn all Deine Gäste gegangen sind, ruhst Du noch immer in Dir. **Nüchtern fühlen bedeutet, Deine Hingabe an diesen Moment mit ruhiger Achtsamkeit zu paaren.** Es ist eine hohe Kunst –

nicht leicht und doch einfach. Sie macht Dich zu einem gelassenen, großzügigen Gastwirt mit Humor und Tiefe und Dein Leben zu einem friedvollen Gasthaus, in dem auch andere Menschen gern zur Ruhe kommen.

DEINE EMOTIONALE ACHILLESFERSE — ANGST, OHNMACHT UND SCHMERZ

Die Metapher der Achillesferse stammt aus der griechischen Mythologie: Die rechte Ferse war die einzige Stelle, an welcher der Held Achilles verwundbar war. Wir sprechen von der Achillesferse eines Menschen, wenn wir seine verwundbarste Stelle meinen.

Was ist Deine emotionale Achillesferse? Wo bist Du in Hinblick auf Deine Gefühle am stärksten angreifbar? Durch welche Situationen, Gesten oder Worte wirst Du aus der Bahn geworfen?

Machen wir uns nichts vor. Es ist keine Kunst, alle Gefühle zuzulassen, wenn es uns gut geht. Aber dann gibt es jene Tage... Du weißt schon. Tage, an denen alles zusammenkommt, Tage, an denen Dich die Glücksratgeber höhnisch vom Regal herab angrinsen. Du fühlst Dich sowieso schon gestresst und ruhst nicht in Deiner Mitte, und dann drückt Dir das Leben auch noch zielsicher den Finger in die Wunde: Du findest Dich zu dick und stellst kurz vor dem abendlichen Ausgehen fest, dass Du nicht mehr in Dein Lieblingskleid passt. Du zweifelst am Wert Deiner Arbeit, und just in diesem Augenblick ruft Dich Dein Lieblingskunde an und springt ab. Du fühlst Dich wertlos und erwischst Deinen Partner beim Fremdgehen.

DAS sind die Tage, an denen Du den Unterschied zwischen Psychoblabla und wahrer Selbstliebe testen kannst. Dann solltest Du genau wissen, was Du wirklich willst. Geht es Dir um schnelle Erleichterung? Dann greif zur Pille, nerv Deine beste Freundin mit Deinem Gejammer oder schmeiß die Glotze an. Oder dämmert Dir, dass Dich das alles auf Dauer nur noch mehr schwächt? Willst Du aus Deinem Drama radikal aussteigen? Dann geh radikal rein. *Bleib stehen und fühle alles* – ja, auch das, was Du glaubst, nicht aushalten zu können.

Normalerweise versuchen wir in solchen Momenten uns abzulenken, um nicht fühlen zu müssen. Dreh den Spieß um! Halte es aus und lass es brennen. Hör auf, Deine emotionale Achillesferse zu verstecken, biete sie dem Leben offen an. Dann wirst Du eine erstaunliche Erfahrung machen. Das eigentliche Leid entsteht nämlich nicht durch unsere Wunde, sondern durch unseren krampfhaften Versuch, sie vor Berührung zu schützen.

Was tust Du, um Deine Achillesferse zu schützen? Vermeidest Du Nähe? Gehst Du bestimmten Menschen aus dem Weg? Tust Du cooler als Du bist? Schickst Du nur noch Deine Fassade in die Begegnung mit anderen? Vielleicht vermeidest Du so unangenehme Gefühle, doch der Preis ist hoch. Wer sich unberührbar macht, verliert die Tiefendimension seines Lebens. Er nimmt sich die Chance, sich selbst wirklich kennenzuler-

nen. Und, schlimmer noch, er verhindert, dass die schmerzenden Gefühle langfristig verschwinden: dass die Wunde heilen kann.

Bei genauerer Betrachtung lässt sich jede vermeintlich individuelle Achillesferse auf eine der drei essenziellen Wunden des menschlichen Daseins zurückführen, die alle Menschen in der einen oder anderen Form in sich tragen: Angst, Ohnmacht und Schmerz. Sie alle wurzeln in der Grundannahme, dass Du eine kleine, abgegrenzte, verletzbare Entität (=Ego) bist und einem riesigen, unberechenbaren Universum gegenüberstehst. Dieses kleine Ego versucht alles zu verstehen und möglichst gut Bescheid zu wissen. Wenn ihm das nicht gelingt, spürt es Angst. Ebenso versucht es, das Leben möglichst oft nach seinem Willen zu kontrollieren. Die Erfahrung, dass dies nicht funktioniert, ist Ohnmacht. Und schließlich fühlt sich dieses kleine Ego oft abgetrennt, nicht gesehen und isoliert. Daher kommt der Schmerz.

In der sechsten Tugend werden wir ausführlich auf eine völlig andere Möglichkeit eingehen, Dich in dieser Welt zu betrachten. Für den Augenblick ist es nur wichtig zu verstehen, dass Angst, Ohnmacht und Schmerz universelle, menschliche Erfahrungen sind, die – jetzt kommt die wirklich gute Nachricht – nur solange bedrohlich wirken, solange Du gegen sie kämpfst. Tatsächlich sind sie Schwellenhüter auf dem Weg zur Freiheit, Einstiegspforten in Dein Mysterium. Sie nehmen Dir nur, was nicht zu Dir gehört. Darum ist es auch so wichtig, den Schmerz dieser Wunden zuzulassen und bewusst zu spüren.

Nüchtern erfahrene Angst zerstört die Illusion, Bescheid zu wissen. Ohnmacht löscht die Illusion der Kontrolle aus. Schmerz verbrennt Deine Anhaftung an eine kleine, verletzbare Idee von Dir. Wenn Du Dich hingibst, wird es still. Du lässt die falschen Rettungsringe los und tauchst in Dein weites, freies, stilles Selbst ein. Hier musst Du nichts mehr kontrollieren. Das Leben trägt. Du musst nicht mehr wissen, wo es langgeht. Das Leben führt. Ist es nicht das, wonach wir uns sehnen – dem Leben wieder ganz vertrauen zu können?

Wenn Du Glück hast, begegnen Dir immer wieder Menschen, die über die karmische Autorität verfügen, Deine alten Wunden offen zu legen. Meistens spüren wir bereits bei der ersten Begegnung das beängstigende und zugleich vielversprechende Potenzial dieser Beziehung. Wenn der Heiler kommt, lass ihn hinein, egal, welche Form er angenommen hat. Sei Dir im Klaren darüber, dass der Schmerz, den Du spürst, älter ist als diese aktuelle Situation. Ehre Deine Achillesferse als Deine Lehrerin. Fühle alles. Nüchtern. Erlaube, dass es heilt.

GEFÜHLSTAGEBUCH

Nun haben wir lange genug über Gefühle theoretisiert, nun brauchst Du Felderfahrung. Schwimmen lernst Du ja auch nicht, indem Du nur darüber nachdenkst. Also ab in das praktische Studium Deiner Emotionen.

Ich empfehle Dir, ein Forschungsbuch der Gefühle anzulegen. Vielleicht schreibst Du eh schon Tagebuch, dann kannst Du dies hervorragend dafür nutzen. Ich selbst bin eher schreibfaul, doch in den zwanzig Jahren Selbsterfahrung und Beratung habe ich das Schreiben als eine sehr effektive Methode der Selbstreflexion schätzen gelernt. Viele wertvolle Lektionen des Tages verstreichen ungenutzt, da wir ihrer nicht gewahr werden. Indem Du Dir am Abend zehn Minuten Zeit nimmst und Deinen Tag noch einmal Revue passieren lässt, hebst Du diese Schätze. Du lernst so schneller und genauer, und Deine Schlussfolgerungen stehen Dir am nächsten Tag bereits zur Verfügung. Beginne noch heute mit der Erforschung Deiner Emotionen.

ÜBUNG: Deine emotionale Intelligenz schulen

Lass vor dem Schlafengehen Deinen Tag noch einmal an Dir vorüber-
ziehen und beantworte Dir kurz – am besten schriftlich – die folgenden Fragen:

Was fühle ich jetzt gerade?

Welche emotional intensiven Momente habe ich heute erlebt?

Welche Gefühle habe ich genossen? Was kann ich morgen tun, um
diese Gefühle wieder in mein Gasthaus einzuladen?

Welche Gefühle haben mir heute Schwierigkeiten bereitet? Habe ich
gegen sie gekämpft? Wenn ja, wie?

Habe ich mich abgelenkt? Wenn ja, wie?

Was hätte ich in diesem Augenblick gefühlt, wenn ich ganz ehrlich mit
mir gewesen wäre?

Was wäre die Botschaft dieses Gefühls gewesen?

Es geht bei dieser abendlichen Reflexion nicht darum, irgendetwas
zu verändern. Indem Du Deinen Emotionen mehr Aufmerksamkeit
schenkst, erlaubst Du ihnen, sich zu zeigen, ihre Lektion zu übermit-
teln und dann in Frieden zu gehen.

Was vielleicht wie eine banale Übung klingt, kann eine sehr positive Wirkung auf Dein gesamtes Leben haben. Klienten, denen ich diese Hausaufgabe für mehrere Monate auftrage, gewinnen oft mehr Selbstvertrauen, fühlen sich in sich selbst

wohler und kompetenter. Ihre Interaktionen mit anderen entspannen sich und sie gehen klarer und souveräner mit ihren Mitmenschen um.

Emotionen binden bis zu neunzig Prozent unserer Lebensenergie. Besser, Du lernst sie zu verstehen und intelligent zu nutzen.

Die 3. Tugend:

MACH DICH GLÜCKLICH !

*Wie Du Deine essenziellen Bedürfnisse
verstehst und intelligent erfüllst*

Achtung! Wie kann ich Dich für diesen Abschnitt wachrütteln?
Du findest hier die Erklärung dafür,

- warum es keine faulen Menschen gibt,
- warum künstliche Motivation niemals lange anhält,
- warum Du manchmal unglücklich bist, obwohl Du so viel hast,
- warum bewusster Egoismus gesund ist,
- warum Du manchmal Dinge tust, von denen Du genau weißt, dass sie Dir nicht gut tun,
- warum es keinen Sinn hat, Süchte zu bekämpfen, aber wie Du sie überflüssig machen kannst,
- wie Du nicht mit Anstrengung, sondern aus tiefer Begeisterung heraus Dein Bestes geben wirst,
- warum Dir manche Beziehungen wie ein Gefängnis vorkommen, obwohl doch alle nett zueinander sind,
- was Du tun kannst, um Deine wichtigsten Beziehungen in lebendige Felder der Freude zu verwandeln,
- was Du brauchst, um ganz natürlich zur Höchstform aufzulaufen.

Interessiert?

Es geht um die Macht und die Dynamik Deiner essenziellen Bedürfnisse. Ich halte dieses Thema für sträflich unterschätzt. Es sollte als Pflichtfach in unseren Schulen unterrichtet werden. Denn wenn Du Deine Bedürfnisse nicht kennst, bist Du auf den Zufall angewiesen, um Dich mal, wenn alles gut läuft, erfüllt und zufrieden zu fühlen. Eine milliardenschwere Werbeindustrie nutzt dieses Unwissen aus, um Dir Bedürfnisse zu suggerieren, die Du gar nicht hast. Redegewandte Politiker spielen mit Deinen unbewussten Bedürfnissen, um Deine Stimme zu bekommen, und selbst Dein Partner wird Dich manchmal willentlich oder unabsichtlich manipulieren, wenn Du Deine Bedürfnisse nicht kennst.

Die zweite Tugend schult Deine Bereitschaft, alle Emotionen in Deinem Gasthaus zu empfangen. Sie schenkt Dir Frieden mit Dir. Jetzt gehen wir noch einen Schritt weiter: Radikale Selbstliebe bedeutet nicht nur, unangenehme Emotionen anzunehmen und zu heilen, sie bedeutet auch zu lernen, bewusst positive Gefühle zu erzeugen. Das tust Du, indem Du Dich aktiv für die Befriedigung Deiner existenziellen Grundbedürfnisse einsetzt. Die dritte Tugend der radikalen Selbstliebe heißt daher: **Erfülle Deine Bedürfnisse.**

Ein Baum, der in optimalem Nährboden wurzelt, gedeiht prächtig und bringt seine schönsten Früchte hervor. Wenn Du Bedingungen schaffst, die Dich in der Tiefe satt machen, passiert dasselbe mit Dir: Du blühst auf und gibst Dein Bestes. Dich achtsam und effektiv zu versorgen, ist ein Geschenk an die Welt. Also finde heraus, was für eine Art Baum Du bist und was Du ganz genau brauchst, um Dein Optimum entfalten zu können. Um dies zu tun, musst Du Dir natürlich darüber im Klaren sein:

1. **Was Bedürfnisse überhaupt sind** und wie sie im Menschen wirken.
2. **Was speziell Du für Bedürfnisse hast,** also was für Dich erfüllt sein muss, damit Du glücklich bist. (Stell Dir das nicht zu einfach vor, vielen Menschen ist gar nicht bewusst, was sie eigentlich brauchen.)
3. **Wie Du Dich konkret und smart für ihre Stillung einsetzen kannst.** (Mit smart meine ich: Du erfüllst Dich auf eine Weise, die Deine Umgebung nicht schamlos ausbeutet, sondern wundervoll bereichert.) In diesen Zusammenhang gehört auch das so wichtige Thema Egoismus, denn im Gegensatz zu landläufigen Glaubenssätzen über Egoismus haben wir tatsächlich alle etwas davon, wenn Du Dich gut um Dich kümmerst.

KLEINE BEDÜRFNISKUNDE. WAS SIND BEDÜRFNISSE UND WIE WIRKEN SIE IN DIR?

Was ist ein Bedürfnis, und warum ist diese Frage für Dein Glück so elementar wichtig?

Im Allgemeinen verstehen wir unter einem Bedürfnis das Verlangen, einem real existierenden oder auch nur gefühlten Mangel Abhilfe zu schaffen. Bedürfnisse bewegen uns, sie motivieren uns, etwas zu tun. Bedürfnisse wirken in jeder Minute unseres Lebens auf uns ein – und sie lassen uns leiden, wenn sie nicht erfüllt werden.

Jeder von uns hat eine Reihe von Grundbedürfnissen, die als evolutionäre Triebkräfte des Lebens in uns angelegt sind. Sie fungieren als biologische Steuermechanismen Deines Systems[9],

9 Ich werde in diesem Kapitel manchmal von Deinem »System« sprechen. Als Pragmatiker bin ich daran interessiert, es hier so einfach wie möglich zu halten. Mit »System« bezeichne ich die komplexen Steuer- und Emotionssysteme in Deinem Gehirn (mit Hauptsitz im limbischen System, aber auch in anderen Teilen), die über die Ausschüttung verschiedener Neurotransmit-

die sicherstellen sollen, dass sich das Leben durch Dich optimal entfalten kann.

An erster Stelle stehen die unmittelbaren Notwendigkeiten wie Atmen, Essen, Trinken, Schlafen. Auf diese werde ich hier nicht weiter eingehen, da sie so offensichtlich und in unseren Breitengraden meistens auch umfassend erfüllt sind.

Es gibt jedoch noch eine weitere Ebene von Grundbedürfnissen, die für Dein Erblühen essenziell sind. Ich nenne sie daher die **essenziellen Grundbedürfnisse**. Über diese wissen die wenigsten von uns viel, obwohl wir alle unbewusst von ihnen gesteuert werden. Wenn Du Dich wirklich lieben willst, musst Du diese essenziellen Bedürfnisse in Dir kennenlernen und verstehen. Deshalb bitte ich Dich, die kommenden Erläuterungen sehr wach zu lesen.

1. Die essenziellen Bedürfnisse treiben jeden Menschen an. Doch unterscheiden wir uns zum Teil gravierend in der Strategie, mit der wir ihre Erfüllung anstreben.
2. Alles, was Du tust, auch das Lesen dieses Buches, ist Dein unbewusster Versuch, jene Bedürfnisse so optimal wie möglich zu befriedigen.

---

ter (Adrenalin, Dopamin etc.) dafür sorgen, dass Du Dich auf eine bestimmte Weise fühlst (ängstlich, lustvoll, aggressiv) und dementsprechend handelst. Spannend für alle Praktiker der radikalen Selbstliebe ist es, zu verstehen, dass dieses System greift, lange bevor wir eine bewusste Wahl treffen. Jenen, die sich in diesem Zusammenhang für Untersuchungen und Hintergründe interessieren, seien die Bücher von Hans-Georg Häusel empfohlen.

3. Wenn sie nicht befriedigt sind, fühlst Du Dich auf einer tiefen Ebene unerfüllt.
4. Du kannst diese Bedürfnisse nicht abstellen, doch Du hast Einfluss darauf, auf welche Weise sie Erfüllung finden. Je besser Du Deine Bedürfnisse verstehst, desto konstruktiver kannst Du sie stillen.

Schauen wir uns die essenziellen Bedürfnisse nun im Einzelnen an. Es existieren verschiedene Bedürfnis-Erklärungsmodelle, zum Beispiel das vom Marschall Rosenberg oder die Bedürfnispyramide von Abraham Maslow. Ich beziehe mich in meiner Arbeit hauptsächlich auf die limbische Landkarte von Hans-Georg Häusel. Sie erscheint mir die aktuellste und ist wissenschaftlich belegt.

Häusel unterscheidet drei essenzielle Grundbedürfnisse: **Sicherheit**, **Stimulanz** und **Dominanz**, die er auch die »drei Emotionssysteme« nennt. Im Zusammenhang mit jedem dieser Bedürfnisse benutzt unser Gehirn ganz spezielle Neurotransmitter, die die entsprechenden Emotionen im Körper initiieren, um uns zum Handeln zu bewegen (bei Sicherheit zum Beispiel Angst, bei Stimulanz Lust, bei Dominanz Wut). Wir teilen diese Grundbedürfnisse mit jedem anderen Lebewesen auf dem Planeten. Jeder Einzeller hat das Bedürfnis, seinen Status quo zu wahren (Sicherheit), die Außenwelt und somit neue Reize zu entdecken (Stimulanz) und sich im Kontakt mit anderen Lebewesen möglichst erfolgreich durchzusetzen (Dominanz).

Da wir beide vielleicht eine unterschiedliche Bedeutung dieser Begriffe im Kopf haben, möchte ich jedes der drei Bedürfnisse etwas genauer definieren:

Sicherheit beschreibt unser Bedürfnis, ein einmal gewonnenes Gleichgewicht aufrechtzuerhalten. Synonyme dafür sind Balance, Harmonie oder Stabilität.

Stimulanz ist das Verlangen, Neuland zu entdecken, neue Reize aufzunehmen, Ekstase zu erfahren, zu wachsen und uns weiterzuentwickeln. Weitere Worte dafür sind Erregung, Neuland, Abenteuer.

Dominanz ist das Bedürfnis, Einfluss auf unsere Umgebung zu nehmen, Wirkung zu hinterlassen, Raum einzunehmen. Egal für wie schüchtern einer sich hält, jeder von uns möchte gern, dass da wo er ist, genau das passiert, was er für richtig hält. Ob und wie wir unser Bestreben nach Dominanz ausleben, ist eine andere Frage. Andere Begriffe sind Einflussnahme, Durchsetzung, Wirkung.

Ich möchte die Arbeit von Häusel gern durch eine eigene Überlegung ergänzen. Die drei eben beschriebenen Bedürfnisse wirken nämlich auch in Pantoffeltierchen, Hühnern oder Löwen, doch beim Menschen kommt noch eine Besonderheit hinzu: In uns ist eine neue Form von Bewusstsein erwacht. Wir leben unsere Bedürfnisse nicht nur instinktiv aus, sondern wir sind fähig, sie zu reflektieren. Dadurch haben sich neue, quasi vermenschlichte Varianten der Grundbedürfnisse entwickelt. Ich habe keine wissenschaftlichen Beweise dafür, doch meine praktischen Erfahrungen mit dem Thema bestätigen dies.

Um der Komplexität der menschlichen Natur gerecht zu werden, arbeite ich daher in meinen Beratungen noch mit vier weiteren Bedürfnissen: **Nähe**, **Wachstum**, **Dienen** und **Transzendenz**.

Aus dem ursprünglichen, instinktiven Bedürfnis nach Sicherheit reift in einem bewussten Wesen das Bedürfnis nach **Nähe**.

Das Bedürfnis nach Stimulanz findet sich als verfeinerte Variante in unserer Sehnsucht nach **Wachstum** (Entwicklung, Lernen, Selbsterkenntnis) wieder.

Dominanz, gepaart mit ethnozentrischem oder sogar weltzentrischem Bewusstsein, verwandelt sich in den Wunsch, auch im Leben anderer Menschen etwas zu bewirken, indem wir anderen **dienen**.

In den letzten zwei Jahrzehnten scheint in immer mehr Individuen die starke Sehnsucht danach zu erwachen, einen Blick hinter den Schleier der weltlichen Erscheinungen zu werfen. Wir ahnen, dass wir eigentlich spirituelle Wesen sind, die nur gerade eine körperliche Erfahrung machen. Wir brauchen die Erfahrung der **Transzendenz**, um unser konkretes, begrenztes Leben hier auf diesem Planeten in einem größeren Kontext verstehen und liebevoll annehmen zu können.

Mit diesem noch relativ jungen Bedürfnis nach Transzendenz kann nicht jeder etwas anfangen, doch die anderen sechs Bedürfnisse sind den meisten Menschen, mit denen ich darüber spreche, sehr vertraut.

Ich möchte Dich einladen, Dir Zeit zu nehmen, um die Dynamik der sieben Bedürfnisse in Deinem Leben gründlich zu erforschen. Ich kann gar nicht genug betonen, wie viel Potenzial für Leid und Glück in diesem Thema liegt. *Jede* unserer Handlungen ist ein Versuch, unsere Bedürfnisse zu erfüllen. Je unbewusster dies geschieht, desto weniger Einfluss haben wir darauf, wie erfolgreich und konstruktiv unsere Erfüllungsstrategien verlaufen. Werden unsere Bedürfnisse nicht angemessen erfüllt, verkümmern wir seelisch, geistig und dann auch körperlich. Finden wir optimale Bedingungen vor, gedeihen wir mühelos.

FINDE HERAUS, WIE DU TICKST UND WAS DICH GLÜCKLICH MACHT

Wir Menschen werden zwar alle von denselben Bedürfnissen angetrieben, doch bei jedem von uns sind sie anders gewichtet. Es gibt die Abenteuertypen (Schwerpunkt: Stimulanz und Dominanz), es gibt die Genussmenschen (Schwerpunkt: Stimulanz und Balance), es gibt Menschen, die sehr sicherheitsbetont leben (Schwerpunkt: Stabilität und Dominanz) und so weiter.

Wie viel Sicherheit brauchst du, um Dich wohl zu fühlen? Welche Form von Stimulanz benötigst Du, um wach und lustvoll am Leben teilzunehmen? Wie kannst Du auf eine zu Dir passende Weise Einfluss auf Deine Umgebung nehmen?

Die Gewichtung der eigenen Bedürfnisse kann man sich nicht aussuchen. Ein stark sicherheitsbetonter Mensch wird sehr wahrscheinlich über viele Jahre, wenn nicht sogar sein ganzes Leben, langsamer und vorsichtiger vorwärtsgehen als ein Draufgänger. Das ist weder gut noch schlecht, es kommt nur darauf an, ob man das jeweilige Bedürfnis gesund auslebt. Eine starke Verschiebung unserer Bedürfnisgewichtung findet selten statt. Am ehesten noch, wenn man in eine neue Lebensphase eintritt, zum Beispiel zum Beginn der Pubertät, in der Schwangerschaft, oder im reifen Alter.

Wenn sich Deine Bedürfnisse verändern, bemerkst Du es daran, dass die Verhältnisse, in denen Du Dich gestern noch pudelwohl gefühlt hast, heute überhaupt nicht mehr für Dich passen. In solchen Umbruchphasen hilft es Dir, das, was Du aktuell brauchst, genau wahrzunehmen, die Umstände zu analysieren und entsprechende Veränderungen einzuleiten.

Finde die optimalen Voraussetzungen für Dein Gedeihen heraus und beginne, sie selbstverantwortlich zu schaffen. Du bist Baum *und* Gärtner zugleich. Nimm aktiv Einfluss auf die Umstände und sorge für perfekte Bedingungen. Du bist nicht darauf angewiesen, dass sich der Zustand der Erfüllung per Zufall einstellt.

Weißt Du, welcher Gedanke hauptverantwortlich dafür ist, dass so viele Beziehungen scheitern? Es ist die Überzeugung, ein anderer Mensch wäre dafür verantwortlich, unsere Bedürfnisse zu erfüllen. Großer Irrtum! Niemand auf diesem Planeten ist uns zu irgendetwas verpflichtet. Niemand. **Es gibt nur ein einziges Wesen auf diesem Planeten, das für Dein Glück verantwortlich ist – es liest gerade diese Zeilen.**

Dich lediglich über Deine Unerfülltheit zu beklagen, anstatt Deinen Verstand einzuschalten und Deinen Hintern für Dich in Bewegung zu setzen, ist stinklangweilig. Für Dich und jeden um Dich herum. Wie wäre es, wenn Du kurz und schmerzlos

anerkennen würdest: »Aha, ich bin unglücklich. Also wird eines meiner Bedürfnisse nicht erfüllt«, und Dich dann aktiv für Deine Erfüllung einsetzt?

Falls Du zu denen gehörst, die sich auf dem Gedanken ausruhen, sie hätten ja schon alles versucht, wird Dich der nächste Satz vielleicht wütend machen: Nein, Du hast ganz sicher noch nicht alles versucht. In einem Universum der tausend unbekannten Optionen zu leben und zu glauben, Du hättest alle Lösungsmöglichkeiten bereits erschöpft, ist kindisch. Ich nehme Dir ab, wenn Du sagst: »Ich kenne die Lösung nicht.« Aber zu behaupten, es gäbe sie nicht, ist arrogant.

Vielleicht ist dies ein guter Zeitpunkt, um Dich an die Macht einer guten Frage zu erinnern. Du kannst auf immer und ewig unerfüllt bleiben, wenn Du Deinen Verstand nicht mit der richtigen Frage beauftragst. Du kannst vor der Mauer stehen und zum tausendsten Male denken: »Warum lande ich immer wieder vor Mauern?«, oder Du fragst Dich: »Welches Bedürfnis versuche ich fälschlicherweise hier zu erfüllen und wo ist die offene Tür?«

Wenn wir einen Menschen besser verstehen wollen, sollten wir uns nicht davon ablenken lassen, was er tut, sondern uns fragen, *warum* er es tut. Welches essenzielle Bedürfnis versucht er gerade zu stillen? Das gilt auch für Dich selbst. Anstatt Dich für manche Deiner Ticks und Süchte zu verurteilen, kannst Du Dich fragen: Warum mache ich das? Welches Bedürfnis versuche ich mir dadurch zu erfüllen?

- Sicherheit
- Stimulanz
- Dominanz
- Wachstum
- Nähe
- Dienen
- Transzendenz

Habe ich ausreichend Verantwortung für mein Bedürfnis übernommen?

Habe ich meinen Mitmenschen eine faire Chance gegeben, mein Bedürfnis zu sehen und zu verstehen?

Welche kreative, konstruktive Lösung fällt mir für die bessere Erfüllung dieses Bedürfnisses ein?

Und wenn mir keine einfällt, wen kann ich um Rat fragen?

Welche konkreten Schritte werde ich unternehmen?

Ich möchte die Macht dieser einfachen Fragen an zwei konkreten Beispielen erläutern:

Ein Klient, ich nenne ihn Herrn Müller, wurde von seiner Frau zwangsverpflichtet, mit ihr gemeinsam zu mir zu kommen. Die ganze Familie litt an seinen cholerischen Wutausbrüchen. Ich half ihm zu verstehen, dass er immer dann wütend wurde, wenn sich sein System bedroht fühlte. Ihm fehlte Sicherheit. Seine destruktive Art, dieses Bedürfnis zu erfüllen, bestand darin zu brüllen und alle anderen einzuschüchtern. Dann hatte er

Ruhe und konnte durchatmen. Als er verstand, was er eigentlich suchte, lernte er, in den entscheidenden Situationen ehrlich seine Unsicherheit zu kommunizieren. Im zweiten Schritt fand er heraus, was er brauchte, um sich sicher zu fühlen. Zum Beispiel einige klare Regeln im Haus. Seine Wutausbrüche wurden deutlich weniger, und wenn sie mal passierten, konnte seine Frau wesentlich besser damit umgehen. Denn sie sah nun nicht mehr das wütende Monster, sondern die Unsicherheit hinter der Fassade.

Ein anderes klassisches Bedürfnisdilemma höre ich oft von Paaren, die schon länger zusammen sind. Sie wissen, dass sie sich lieben, doch, wenn sie ehrlich sind, dann langweilen sie sich miteinander. Was ist geschehen? Nun, ganz einfach. Das Bedürfnis nach Sicherheit ist durch Treue, gegenseitiges Kennenlernen und alltägliche Routine mehr als erfüllt. Doch gerade weil alles so selbstverständlich geworden ist, fehlen Wachstum und Abenteuer. Wenn dies nicht bewusst reflektiert wird, sind die Alternativen abzusehen:

a. Man versetzt sich durch Fernsehen, dröge Unternehmungen und dumpfe Gespräche immer tiefer ins Beziehungskoma, bis gar nichts mehr gespürt wird.

b. Man provoziert Streit. Dadurch geht die Sicherheit flöten und man muss alles wieder neu aufbauen (Wachstum).

c. Einer oder beide gehen fremd und erfüllen sich so insgeheim das Bedürfnis nach Abenteuer.

Natürlich könnt ihr kurzfristig mehr Spannung in die Kiste bringen, indem ihr neue Sexspielchen ausprobiert. Doch irgendwann ist auch das ausgereizt. Mal abgesehen davon, dass es ab einem gewissen Alter auch etwas Absurdes haben kann, sich im Bett wie eine Kamasutra-Brezel zu verbiegen. Ich empfehle Paaren, die mit diesen Problemen zu mir kommen, eine Aufgabe zu finden, die größer ist als der Selbstzweck der Beziehung – etwas, woran beide geistig und seelisch wachsen können[10].

Es ist übrigens nicht möglich, Deine Bedürfnisse rational auszutricksen, da sie unter anderem durch Dein limbisches System gesteuert werden. Du kannst Dir also noch so viele Argumente heranziehen, um Dir eine Situation schön zu reden, wenn die Arbeit, der Du täglich nachgehst oder die Beziehung, in der Du lebst, Deine elementaren Grundbedürfnisse nicht erfüllt, wirst Du es deutlich fühlen.

Nicht erfüllte Bedürfnisse suchen sich Ersatzkanäle für ihre Befriedigung und diese sind meistens destruktiv. Ein Mann, der das Bedürfnis nach Einfluss und Dominanz bei seiner Arbeit nicht ausreichend umsetzen kann, lässt es vielleicht zuhause als Tyrann an seinen Kindern aus. Die Sicherheit, die Du in Deinem Alltag nicht findest, suchst Du im exzessiven Konsum von Sü-

---

10 Nur halb im Scherz pflege ich zu sagen, dass wenn Andrea und ich in unserem Institut nicht ständig große, erregende Aufgaben außerhalb unserer Komfortzone vor uns hätten, einer von uns den anderen bestimmt schon aus Einengungsfrust um die Ecke gebracht hätte. Und da meine Frau russischer Abstammung ist, hätte ich wahrscheinlich den Kürzeren gezogen …

ßigkeiten[11]. Der Jugendliche, der weder in seiner Familie noch in der Schule ausreichend Ekstase erfährt, findet einen Ersatz in Computerspielen und Drogen. Ein besonders trauriges Beispiel für die destruktive Wirkung eines unterdrückten Bedürfnisses sind die zahlreichen Missbrauchsfälle in der katholischen Kirche. So etwas muss geschehen, wenn man über Jahrhunderte hinweg das Bedürfnis nach Freude und Lust so rigoros verdammt.

Wenn wir uns bewusst und effektiv um unsere Bedürfnisse kümmern, wandelt sich unser Umgang mit ihnen von …

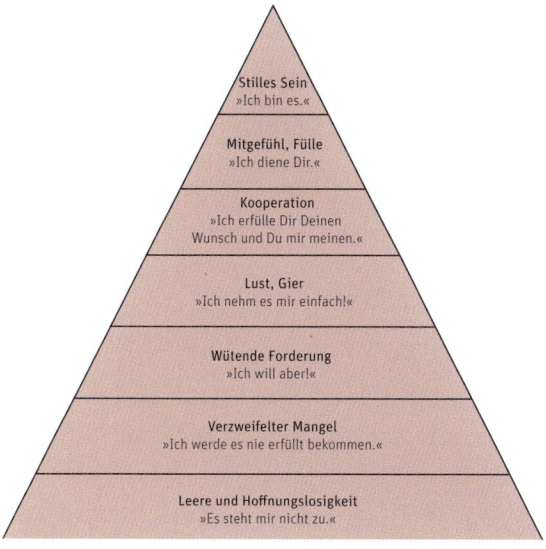

11 Süßigkeiten senken den Pegel von Stresshormonen und schütten »Wohlfühl-hormone« aus. Deshalb entspannen sie uns kurzfristig. Langfristig jedoch … na, Du weißt schon …

Allein ein bewussteres Wahrnehmen Deiner Grundbedürfnisse führt dazu, dass Du Dich selbst mehr siehst, achtest und liebst. Stell Dir vor, Du wüsstest so gut über Dich Bescheid, dass Du jederzeit selbstverantwortlich und positiv auf die Umstände Deines Lebens einwirken könntest. Wärst Du dadurch ein glücklicherer Mensch? Wärst Du erfolgreicher, effektiver? Wärst Du ein angenehmerer Zeitgenosse?

Ganz sicher.

Bist Du also bereit, das Wirken dieser sieben Grundbedürfnisse in Dir genauer zu erforschen? Hast Du Lust, den optimalen Nährboden für Deinen Lebensbaum herauszufinden? Dann habe ich eine gute Nachricht für Dich. Um dem Thema gebührend Raum zu geben, habe ich Dir auf der Internetseite zum Buch umfangreiches Zusatzmaterial in Form von Fragebögen und kleinen Videos zur Verfügung gestellt (siehe Anhang). Du findest da Fragebögen zum effektiven Erforschen Deiner Bedürfnisdynamik und Zusatzvideos, in denen ich noch einmal detailliert auf jedes Bedürfnis eingehe.

Durch ein tieferes Verständnis Deiner Bedürfnisse gewinnst Du auf vielen Ebenen dazu:

Würde	▪ Du achtest Dich mehr und sorgst besser für Dich.
Wahl	▪ Du gewinnst bewussten Einfluss auf die Entscheidungen Deines Lebens.
Power	▪ Du brauchst Dich nicht künstlich zu motivieren, sondern bist natürlich begeistert.
Mitgefühl	▪ Du verstehst Dich und Deine Mitmenschen besser.
Vergebung	▪ Deshalb kannst Du Dir und anderen schneller verzeihen.
Beziehungen	▪ Deine Beziehungen verwandeln sich in Felder der konstruktiven Bedürfniserfüllung.

SEI BITTE EGOISTISCH

Es ist mir in diesem Zusammenhang ein Herzensanliegen, mit einem großen Vorurteil aufzuräumen. Immer wieder stolpere ich über die Meinung, ein Mensch, der sich erfolgreich um die Erfüllung seiner Bedürfnisse kümmert, sei ein Egoist, und dies wäre etwas Schlechtes. Höchste Zeit, ein Plädoyer für gesunden Egoismus zu schreiben!

Wenn ich meine Klienten dazu ermutige, ihre Bedürfnisse zu erforschen und intelligent zu erfüllen, fragen sie mich oft besorgt, ob das denn nicht egoistisch sei. Manche bekämpfen verzweifelt ihre Begehren, weil sie gehört oder gelesen haben, alles, was mit dem Ego zusammenhänge, sei schlecht, unterentwickelt und falsch. Verkrampft versuchen sie, »das Ego-Ding« und seine Gelüste zu unterdrücken oder besser noch ganz abzuschaffen.

Aus der Entwicklungspsychologie[12] wissen wir, dass Egozentrik eine wichtige Phase in der Reifung des menschlichen Bewusst-

---

12 Ich beziehe mich hauptsächlich auf die Arbeit von Ken Wilber, der die Ergebnisse vieler Forscher auf diesem Gebiet hervorragend zusammenfasst. Die Einteilung der Entwicklungsstadien ist je nach Modell verschieden. In

seins ist. Ein Kleinkind kann nicht anders, als seine Umgebung aus einer rein egozentrischen Perspektive heraus zu betrachten: Es sieht und fühlt nur sich selbst und ist unfähig, die Perspektive eines anderen einzunehmen. Kids in diesem Alter sind liebenswerte aber selbstsüchtige kleine Monster – und das ist auch gut so. Es gilt die Maxime: Möglichst viel Freiraum zum Ausprobieren schaffen und gleichzeitig für intelligente Schadensbegrenzung sorgen.

Verläuft die Entwicklung eines Menschen normal, das heißt ungestört, lernt er in Kindheit und Jugend seine elementaren Bedürfnisse kennen und dafür einzustehen. Seine egozentrische Wahrnehmung erweitert sich organisch in eine ethnozentrische[13]. Vereinfacht gesagt: Sein Verständnis davon, wer er ist und was ihn angeht, dehnt sich auf seine Umgebung (die Familie, die Clique, den Verein etc.) aus. Bedauerlicherweise bleiben die meisten Menschen auf dieser Entwicklungsstufe stehen. Sobald unsere kleine Gemeinschaft alles hat, was sie zum bequemen Leben braucht (Kinder, Job, Haus, Gartenlaube), ziehen wir einen Zaun um unser trautes Glück und versuchen, das,

---

Jean Gebsers Modell gibt es fünf zentrale Entwicklungsebenen, bei Clare Graves und dem *Spiral Dynamics*-Modell ist von acht Wertesystemen die Rede, und Susanne Cook-Greuter differenziert zehn Ebenen der Selbstidentität. An dieser Stelle reicht uns der Kerngedanke, dass ein menschliches Leben bestimmte universelle Reifungsstadien zu durchleben hat.

13 Ken Wilber: *Integrale Psychologie. Geist, Bewusstsein, Psychologie, Therapie*, Freiburg 2001. Ebd.: *Integrale Spiritualität. Spirituelle Intelligenz rettet die Welt*, München 2007.

was sich außerhalb abspielt, weitestgehend zu ignorieren. Unser Planet sehnt sich jedoch schmerzhaft nach mehr Menschen, die den Sprung zur nächsten Entwicklungsstufe schaffen: zu einer Weltzentrik und später sogar Kosmozentrik. Auf dieser Ebene öffnen sich Herz und Selbstverständnis für die Belange der ganzen Welt. Eine klare, wache Liebe für ein anderes reift also aus einem gesunden Egoismus heraus.

Doch was ist, wenn wir in der egozentrischen Entwicklungsphase unseres Lebens irritiert wurden? Indem man uns beispielsweise massive Schuldgefühle vermittelte, wenn wir uns für unsere Bedürfnisse stark machten? Ein Teil unserer Persönlichkeit ist dann auf dieser Entwicklungsstufe stehengeblieben und wartet darauf, erlöst zu werden. Das ist auch der Grund, warum erwachsene Männer und Frauen, die in ihrem Job überaus erfolgreich und selbstbewusst agieren, sich urplötzlich in kleine infantile Wesen verwandeln können, wenn ihnen jemand zu nahe kommt[14].

Wer in seiner Kindheit kein gesundes Ego aufbauen konnte, steht als Erwachsener entweder auf Kriegsfuß mit seinen Bedürfnissen oder er kennt sie gar nicht.

Wenn Du das Gefühl hast, auch Du hättest Nachholbedarf auf diesem Gebiet, dann nimm Dir als Erstes Zeit, ein Verständnis

---

14 Man schaue sich nur eine Sitzung im Bundestag an. Oft kommt es mir vor, als wenn sich kleine Mädchen und Jungen im Buddelkasten streiten. Mich beunruhigt es, wenn ich daran denke, wer da zum Teil mit der Regierung eines ganzen Landes beauftragt wurde.

dafür zu entwickeln, was Dein Ego überhaupt ist. Gib Dich dabei nicht mit Erklärungen zufrieden, die gut klingen, aber in Wahrheit keinerlei Bezugspunkt zu Deinem Leben haben. Ich meine damit Sätze wie: »Das Ego ist nur eine Illusion« oder »Töte Dein Ego, dann bist Du frei«.[15] Erarbeite Dir eine Definition, die Dir konkrete, praktische Ansatzpunkte für Deinen Alltag liefert.[16] Hier stelle ich Dir als kleine Anregung meine eigene Kurzdefinition des Egos vor, die mir hilft, im Alltag achtsam und mitfühlend mit meinen Egostrukturen umzugehen:

Mein Ego ist eine begrenzte Ansammlung von Denk-, Fühl- und Verhaltensstrategien, die von meinem Verstand mit einem einzigen Ziel entwickelt worden sind: das optimale Überleben eines Fleischklöpschens[17] zu sichern.

Außerdem möchte ich Dir empfehlen, mit der Tatsache Frieden zu schließen, dass Du ein Ego haben wirst, solange Deine Seele wertvolle Erfahrungen in einem Fleischklöpschen macht.

---

15 Ich habe manchmal Kontakt zu spirituellen Kreisen, in denen auf eine Weise vom Ego gesprochen wird, dass unweigerlich der Eindruck entsteht, dieses Ding müsse ein ruchloses, perfides Monster sein. Frage ich nach, was das Ego denn eigentlich sei, bekomme ich oft nur Plattitüden zu hören.

16 Hilfreich sind in diesem Zusammenhang auch die folgenden Bücher: *Integrale Spiritualität* von Ken Wilber und *Jetzt* von Eckhart Tolle. Und eine solide Live-Erforschung des Themas bieten unsere Enneagramm-Seminare.

17 Den Begriff Fleischklöpschen verdanke ich meinem Zen-Meister Eli. Das Wort ist ein Synonym für das Wunderwerk unseres physischen Körpers, welcher uns hier auf Erden unendlich schöne Erfahrungen und wertvolle Lektionen ermöglicht. Ich verwende diese saloppe Bezeichnung, um unsere Tendenz zur Eitelkeit auszubalancieren.

Wenn in Deiner Kindheit einige existenzielle Bedürfnisse nicht gestillt worden sind, ist das ärgerlich, aber erstens ist es vorbei und zweitens kannst Du es jetzt ohne Drama nachholen.[18] Dafür sind die intimen Beziehungen in Deinem Leben da. Lebendige Beziehungen besitzen die Macht, Dich völlig überraschend an Deinen wunden Punkten zu berühren und Dich damit auf unerfüllte Bedürfnisse hinzuweisen. Das ist gut so, denn Du bist hier, um Dich zu vervollständigen. Kämpfe nicht gegen diese Menschen, sondern achte sie. Sie sind Deine Zen-Meister, Deine Heiler, Deine Befreier.[19]

---

18 Ich glaube nämlich nicht, dass jeder unerfüllte Erwachsene auf die Therapie-Couch muss. Bei schweren Neurosen ist dies durchaus empfehlenswert, doch generell bin ich ein großer Fan davon, den normalen Alltag zu nutzen, um peu à peu die Vergangenheit zu komplementieren und das eigene Ego zu konsolidieren.

19 Als ich Andrea und ihrer damals dreijährigen Tochter Leona begegnete, war von Beginn an klar, dass dieser herzhafte, wunderschöne Doppelpack über eine karmische Blankovollmacht verfügt, die tiefsten Schichten meiner Seele zu erschüttern. Nie zuvor habe ich mich in einer Beziehung so geliebt und abgelehnt gefühlt. Zu Beginn begegnete ich diesem Heilungsprozess ziemlich unreif. Ich erinnere mich zum Beispiel noch gut an eine Situation, als wir zu dritt an einem wunderschönen karibischen Strand saßen und ich mich mit Leona (einem kleinen Mädchen!) verbittert um den letzten Riegel Mars stritt, der auf dem Tisch lag. Aus dem erwachsenen Mann brach ein dreijähriger Junge hervor, der sich nicht genug geliebt fühlte. Damals verstand ich nicht, was geschah. Auf einer tiefen Ebene ging es nicht mehr um die Süßigkeit, sondern um all die Situationen in meiner Kindheit, in denen ich mich nicht genug gesehen fühlte hatte. Ich lebte diese Regression unreflektiert aus und schämte mich im Nachhinein sehr dafür. Meine Tochter hat es mir später mit Freude heimgezahlt: Sie schenkte mir zu meinem

Um eine angeknackste Egozentrik zu kurieren, ohne Deine Umgebung massiv zu belasten, brauchst Du Bewusstheit, Kommunikation und Humor. Die Intelligenz des Lebens strebt nach Ausgleich und Heilung. Solange bestimmte Aspekte Deiner Persönlichkeit unerlöst in den Kreisläufen Deiner Vergangenheit parken, werden sie Deine vertrauten Beziehungen immer wieder nutzen, um sich zu zeigen. Sie werden anklopfen und fragen:»Hallo, hier ist ein kleiner Junge, der sich von seinem Vater nie richtig geliebt fühlte. Darf er sich jetzt endlich einmal in Ruhe zeigen?« – »He, hier ist ein kleines Mädchen, das gerade rotsieht. Es hat Angst, schon wieder einen geliebten Menschen zu verlieren, wie damals, bei der Scheidung seiner Eltern. Kannst Du seiner Panik Einhalt gebieten?«

Die Kunst liegt darin, diese Aspekte Deines Wesens nach und nach zu erlösen, ohne ihnen dabei das ganze Spielfeld zu überlassen. Stärke den Zeugen in Dir, jene reflektierende Instanz, die alles, was geschieht, einfach nur unbeteiligt beobachtet. Es ist wichtig, die emotionalen Wellen in Dir zu fühlen, ohne sie Deiner Umgebung zum Vorwurf zu machen. Erforsche, wenn Du einen karmischen Treffer[20] abbekommst, aufmerksam, welche Emotion gefühlt und welches Bedürfnis erfüllt werden möchte. Oft bemerken wir nur, dass wir gerade angespannt sind

---

40. Geburtstag 40 Marsriegel. Auf der Glückwunschkarte stand:»Damit Du nie wieder darum kämpfen musst.«

20 »Karmische Treffer« nenne ich es, wenn eine Situation so starke Reaktionen in Dir auslöst, dass sie ganz offensichtlich nichts mit der Gegenwart zu tun haben.

oder uns unwohl fühlen, aber wir wissen nicht weshalb. Die Meditation »Der stille Bergsee« auf der beiliegenden CD hilft Dir, in solchen Momenten Verantwortung für Dich zu übernehmen und zu verstehen, was gerade in Dir passiert und was Du wirklich brauchst.

Der nächste Entwicklungsschritt besteht darin, zu lernen, Deiner Umgebung gegenüber ehrlich und genau zu kommunizieren, was gerade geschieht: »Oh, Liebling, es ist mal wieder so weit: Mein Chef hat mich runtergeputzt, und ich fühle mich klein und verunsichert. Kannst du mich bitte in den Arm nehmen und kurz halten?« Oder: »Ich weiß, dass es eigentlich lächerlich ist, doch mir ist es gerade wichtig, dieses letzte Stück Kuchen nicht mit dir zu teilen.«[21]

Die Meisterstufe in diesem Entwicklungsprozess heißt **liebevolle Selbstironie**. Humor hilft enorm, um Deiner Menschlichkeit und dem manchmal so verdammt langsamen Heilungsprozess gelassen zu begegnen. Andrea und ich leben nun seit 19 Jahren fast 24 Stunden am Tag neben- und miteinander. Wir teilen Leben, Arbeit, Sex – einfach alles. Du kannst mir glauben, dass das für jede Menge Reibungspunkte sorgt. Früher waren wir noch so tief in unsere alten Geschichten verstrickt, dass wir oft kaum handlungsfähig waren. Mittlerweile ist vieles vollendet und geheilt, doch immer noch kann es vorkommen, dass wir

---

21 Bei diesem Entwicklungsschritt hilft Dir auch ein Buch von Gay und Kathlyn Hendricks weiter, das ich sehr empfehlen kann: *Liebe macht stark. Von der Abhängigkeit zur engagierten Partnerschaft.*

die Wunden des anderen punktgenau treffen, und er innerhalb von Sekunden zu einem kleinen, bockigen, wütenden, ängstlichen Kind mutiert. Was uns sehr geholfen hat, die übertriebene Dramatik aus solchen Momenten zu nehmen, sind Humor und Spiel. Anstatt in der alten Story verloren zu gehen, übertreiben wir unsere Gefühle ganz bewusst. Wir stülpen die Schmolllippen nach außen und stellen die Liebe des anderen so theatralisch[22] infrage, dass wir gar nicht anders können, als über uns zu lachen. Falls Du Dich gerade fragst, was Du mit diesem Bericht anfangen sollst, weil Dir in solchen Situationen überhaupt nicht zum Lachen zumute ist, lass diese verrückte Vorstellung bitte nicht sofort los. Frag meine Frau: Es gibt keine empfindlichere Gefühlsmimose als mich. Wenn es mir gelingt, immer öfter über mich zu lachen, dann schaffst Du es auch. Selbst wenn es sich am Anfang eher wie Galgenhumor anfühlt.

Respektiere Deine Vergangenheit und heile sie. Erforsche Deine Bedürfnisse und erfülle sie. Doch nimm Dich dabei nicht zu ernst. Mach die Augen auf: Jeder Mensch um Dich herum wünscht sich auch, erkannt, geliebt und erfüllt zu sein. **Dich selbst zu lieben ist kein destruktiver Egoismus, sondern das größte Geschenk, das Du Deinen Mitmenschen machen kannst.** Ein Mensch, der gut für sich selbst sorgt, entkrampft sich und erlaubt dadurch auch seiner Umgebung, sich zu ent-

---

22 Wir nennen es *Titanic*-Feeling, nach dem romantischsten und dramatischsten Film aller Zeiten.

spannen. Er strahlt Fülle und Freude aus. Er wird zur Quelle und unterstützt andere in der Erfüllung ihrer Bedürfnisse.
Bist Du ein guter Mensch und möchtest gern die Welt retten? Das find ich wunderschön.
Tu der Welt einen Gefallen und fang mit Dir selbst an: Rette Dich.

Die 4. Tugend:
ERKENNE DEINE WERTE

*Wie Du durch eine klare Ethik
Deine Selbstachtung stärkst*

Selbstverwirklichung ist das höchste Ideal eines menschlichen Lebens. Es reicht uns nicht aus, einfach zu existieren, uns drängt es herauszufinden, wer wir wirklich sind und wofür wir stehen, und dies in unserer Arbeit, Kunst und unseren Beziehungen auszudrücken. Noch ist es Utopie, doch ich glaube an eine Zukunft, in der jeder Mensch die Möglichkeit haben wird, sich selbst zu verwirklichen. In diesem Kapitel möchte ich Dich ermutigen, Dein Feuer zu finden, es zu stärken und mit uns allen zu teilen.

Allerdings können wir nur mutig und integer handeln, wenn wir auch wissen, was uns wertvoll ist. Wir Menschen besitzen nämlich ein Werte-Bewusstsein. Durch Begriffe wie Freiheit, Ehrlichkeit, Liebe, Ehre, Zuverlässigkeit, Verantwortung definieren wir es. Mithilfe von Werten urteilen wir darüber, was wir richtig oder falsch, wichtig oder unwichtig, gut oder schlecht finden. Diese Kriterien sind tief in unserem Unterbewusstsein verankert und beeinflussen, was wir tun und wie wir uns dabei fühlen. Wenn wir gegen unsere Wertvorstellungen verstoßen, fühlen wir uns schlecht. Wenn zwei für uns wichtige Werte miteinander in Konflikt stehen, fühlen wir uns zerrissen. Wenn

wir unseren Werten treu sind, fühlen wir uns gut. Selbstachtung entsteht, wenn unsere Taten mit unseren Werten übereinstimmen.

Nicht jeder Mensch hat die gleichen Werte. Für den einen ist Wahrheit das höchste Gut, ein anderer hält Rücksicht, Ehrlichkeit oder Brüderlichkeit für das Wichtigste auf Erden. Wir eignen uns unsere Wertevorstellungen in verschiedenen Entwicklungsphasen an:

Zuerst identifizieren wir uns relativ unbewusst und automatisch mit den Werten unserer Erziehungspersonen. Später erweitern und verändern wir unser Wertesystem im außerfamiliären Kontakt; in Schule, unserer Clique, unserer Arbeitsstelle und unseren Beziehungspartnern.

Oft ist uns gar nicht bewusst, welche Werte wir im Laufe unserer Entwicklung übernommen haben und wie sie, permanent, unsere Entscheidungen beeinflussen. Wenn Du Deine unbewussten Werte besser kennenlernen möchtest, höre Dir selbst aufmerksam zu. Wir denken oder sagen zum Beispiel Sätze wie:

»Ich *muss* das so machen.« (Warum? Welcher Wert gebietet Dir das?)

»Das fühlt sich nicht gut an.« (Welcher Dir wesentliche Wert wurde nicht eingehalten?)

»Ich bin stolz auf mich.« (Welchen Wert hast Du zufriedenstellend ausgedrückt?)

»Ich fühle mich hin- und hergerissen.« (Welche Werte ziehen an Dir?).

Ein starkes Selbstbewusstsein entwickelst Du, indem Du bereit bist, Deine wahren Werte – unabhängig von Gruppenmeinungen – sorgfältig zu erforschen und zu definieren. Viele Menschen plappern einfach nur die Normen nach, die ihnen durch Eltern, Schule, Kirche oder Medien vermittelt wurden, ohne sich je zu fragen: Ist dies tatsächlich auch mein Wert und wie kann ich ihn für mich stimmig umsetzen?

Selbstverwirklichung ist ein lebenslanger Gestaltungsprozess. Wir sind immer wieder aufgefordert, uns neu zu definieren und dann unser Handeln im Außen anzupassen. Wenn wir das nicht tun, leiden wir. Mit faulen Kompromissen verletzen wir unsere Würde und schwächen unser geistiges Rückgrat. Auch andere Menschen begegnen uns mit weniger Achtung. Warum sollten sie uns auch respektieren, wenn wir es selbst nicht tun? Für diesen Selbstverrat gibt es hauptsächlich drei Gründe:

1. Unwissenheit: Du kennst Deine Werte gar nicht; Du weißt nicht, wofür Du stehst. Wie ein Blatt im Wind wirst Du von anderen beeinflusst, die klarer sind als Du. Wenn Du aktiv mitspielen willst, musst Du Dir die Mühe machen, Deine Position zu bestimmen. Wenn Dir das zu anstrengend ist, gliedere Dich in irgendeine Herde ein, aber beschwere Dich nicht, wenn Du immer wieder auf Weiden landest, wo Du nie hinwolltest.

2. Fehlende Umsetzung: Du kennst Deine Werte und Du weißt, was Du *eigentlich* in Beruf und Beziehung willst, doch Du hast keine Ahnung, wie Du es konkret umsetzen kannst. Das

kann eine sehr schmerzhafte Erfahrung sein. Viele Menschen geben zu schnell auf, weil sie nicht gewohnt sind, Nichtwissen in einen kreativen Schöpfungsprozess zu verwandeln. Bitte resigniere nicht! Da draußen existieren mindestens tausend Lösungen für Dein Problem, die Du im Augenblick noch nicht kennst.

3. Angst: Du kennst Deine Werte. Du weißt, was zu tun wäre. Doch Dir zittern die Knie aus Angst vor dem nächsten Schritt. Wer kennt das nicht! Suchst Du nach einem Geheimrezept, das Deine Angst für immer auflöst? Wie langweilig! Der Spaß auf diesem Planeten besteht ja gerade darin, das alte, bekannte Ich aufs Spiel setzen zu müssen, um alles zu gewinnen. Angst ist der Schwellenhüter zwischen dem Spiellevel, welches Du gemeistert hast, und der neuen Welt. Gewöhne Dich an sie. Beginne sie als freudige Vor-Erregung zu betrachten und genieße Deine schlotternden Knie als Beweis, dass Du noch am Leben bist[23].

---

23 Ein Wort zu meiner manchmal etwas saloppen Ausdrucksweise. Wenn Du mich noch nicht persönlich kennst, könntest Du auf die Idee kommen, dass ich die Sache gar nicht ernst nehme. Glaub mir, auch ich erlebe Krisen, Angst und Schmerzen. Außerdem bin ich durch meine Klienten fast täglich mit den dunklen und schwachen Momenten des Menschseins konfrontiert. Doch wenn ich eines bei all den Geschichten begriffen habe, ist es das: Es sind nicht die Ereignisse, die uns in die Knie zwingen, sondern die Bedeutung, die unser Geist ihnen gibt. Wenn ich Dir also hin und wieder eine (scheinbar) nicht passende Formulierung für Deine Herausforderungen anbiete, ist sie als eine Einladung zu verstehen: Probiere aus, was geschieht, wenn Du dasselbe Ereignis in einen anderen Bedeutungsrahmen stellst. Ich habe zum

Um den Stier bei den Hörnern zu packen und aus dem Lager der Träumer in das der Verwirklicher zu wechseln, brauchst du ...

Konstruktiv-kritisches Denken – die Bereitschaft, Deine Werte bis in das Stadium höchster Klarheit und Gewissheit hinein zu erforschen.

Kreativität – Die Kunst, aus dem Nichtwissen[24] heraus einen Schöpfungsprozess zu initiieren. Oder, anders ausgedrückt: Sei bereit, mit Deiner Frage schwanger zu gehen, bis das Baby kommt.

Mut – Die Bereitschaft, Deine Angst willkommen zu heißen und sie in freudige Erregung zu verwandeln.

Am Morgen aufzustehen und ganz genau zu wissen, wofür Dein Leben steht, ist eine die Seele und den Geist ungemein stärkende Erfahrung. Klare Werte wirken wie ein guter Kompass, Du findest Deinen Weg im Dschungel des Lebens viel schneller und eindeutiger und vergeudest keine Zeit mehr in Situationen, die für Dich im wahrsten Sinne des Wortes wertlos sind.

Beispiel eine Klientin, die viele Jahre an schrecklichem Lampenfieber vor ihren Auftritten litt. Sie kam zu mir, um die Angst aufzulösen, und war ganz erstaunt, als ich mich weigerte, ihr dabei zu helfen. Das Phänomen ist geblieben, doch sie hat das Etikett gewechselt. Nun genießt sie (wirklich!) vor jedem Auftritt ihre freudige Vorerregung. Manchmal macht sie vor ihrem Publikum noch einen guten Witz über ihre weichen Knie und dann legt sie los!

24 Wir können in diesen Inkubationsphasen viel falsch machen: uns ablenken, mit den verfrühten Ideen loslaufen, aus Ungeduld gegen die Wand rennen. Die Kunst liegt darin, sehr wach und gleichzeitig entspannt und locker zu bleiben, bis Du die nächste wirklich große Eingebung hast.

Vielleicht zweifelst Du noch daran, ob es Dir auch gelingt, Deine Werte so genau herauszufinden. Das verstehe ich. Manchmal sehe ich auch den Wald vor lauter Bäumen nicht. Dann nehme ich mir etwas Zeit und gehe genau denselben klärenden Prozess durch, den ich Dir in den kommenden Kapiteln vorstellen werde. Er funktioniert auch bei Dir, wenn Du bereit bist, etwas Zeit, Geduld und Denksport in Deine Werte zu investieren.

Eventuell bewegt Dich aber auch ein anderer Zweifel, den ich oft zu hören bekomme, wenn ich über dieses Thema spreche: »Was, wenn ich herausfinde, was mir wirklich wertvoll ist, und mein bisheriges Leben nicht dazu passt? Was, wenn ich nicht weiß, wie ich diesen Wert leben kann? Was, wenn ich Angst vor der Umsetzung habe?« Willkommen im vielleicht universellsten aller menschlichen Dilemmata! Ich werde Dir einen Weg zeigen, wie Du diese oft so spannungsgeladenen Konfliktherde mehr und mehr in ein aufbauendes, positives Abenteuer Deiner Selbstverwirklichung verwandeln kannst.

Bist Du bereit, Dich richtig gut kennenzulernen? Dann erwarten Dich in den folgenden Kapiteln wichtige Antworten auf die Fragen:

Warum wirkt eine gut durchdachte Ethik wie ein geistiges Rückgrat?

Wie gewinne ich Klarheit über meine Werte?

Wie initiiere und genieße ich schöpferische Neufindungsprozesse?

Wie finde ich den Mut, mir selbst treu zu sein?

Let's go.

ETHIK –
DEIN GEISTIGES RÜCKGRAT

Es ist nicht Dein Vater, Deine Mutter, Deine Frau,
vor deren Urteil Du bestehen musst. Der Mensch, dessen Meinung
für Dich am meisten zählt, ist der, der Dich im Spiegel anschaut.
Auf ihn kommt es an, kümmere Dich nicht um den Rest,
denn dieser Mensch ist bis zum Ende bei Dir. Du hast die
schwierigste Prüfung bestanden, wenn der Mensch
im Spiegel Dein Freund ist.
Auf Deinem Lebensweg kannst Du die Welt betrügen,
Dir anerkennend auf die Schulter klopfen lassen: Doch
Dein Lohn werden Kummer und Tränen sein, wenn
Du den Mensch im Spiegel betrogen hast.

(Dale Wimbrow, »Der Mann im Spiegel«)

Wenn Du das nächste Mal vor einem Spiegel stehst, verweile einen Augenblick länger. Schau Dir in die Augen und beantworte Dir ehrlich die Frage: »Achte ich mich selbst?« Selbstachtung entsteht nicht über Nacht. Sie reift, wenn Du

lebst, was Dir wichtig ist. Fehlt sie, knickst Du bei Gegenwind ein und lässt Deine Träume im Stich. Es gibt zwei wesentliche Reifungsfelder für Selbstachtung: Deine Arbeit und Deine Beziehungen. Auf diesen Gebieten wirst Du täglich herausgefordert zu beweisen, dass Du bereit bist, für Deine Werte konkret einzustehen.

Um uns dieser Herausforderung stellen zu können, müssen wir natürlich erst einmal wissen, was für Werte wir überhaupt haben, was uns wertvoll ist. Du bist der einzige Mensch, der beurteilen kann, was für Dich richtig, wichtig und wahr ist. Das ist der Sinn einer Ethik. **Eine Ethik ist eine Sammlung wohldurchdachter Wertvorstellungen**, nach denen Du Dich selbst und andere einschätzen kannst. Um Dir eine standfeste Ethik zu erarbeiten, die Dir die Möglichkeit gibt, Dein Tun präzise zu beurteilen, braucht es ein Mindestmaß an geistiger Anstrengung. Nicht die Augen verdrehen, es lohnt sich! Eine klare Ethik ist absolut notwendig für Deine geistige Gesundheit, Deinen Erfolg und das Erblühen Deiner Beziehungen.

Wenn Du Deine Werte nicht kennst, wirst Du durchs Leben geschubst. Du lässt Dich von fremden Meinungen manipulieren und bist ein Spielball Deiner unbewussten Bedürfnisse. Mit anderen Worten: Ein Mensch ohne klares Wertesystem nervt – sich selbst und andere. Das Zusammensein mit ihm kostet Energie. Er trägt Geschwätz und Gerüchte weiter und lässt sich von der öffentlichen Meinung (Fernsehen, Zeitungen, Internet) für blöd verkaufen. Er liebt schlechte Nachrichten, Gerüchte und Opferstammtische (»Was haben uns die anderen schon wieder angetan?«). Ethisch verwirrte Menschen verschlechtern die Qualität von Kommunikationsfeldern durch Unklarheit, Doppeldeutigkeit und ständigen Meinungswechsel.

Auf Menschen ohne Ethik ist kein Verlass. Du weißt einfach nicht, woran Du mit ihnen bist. Heute hüh und morgen hott. Ein Scheißkerl, der ehrlich und offen zu seinen Werten steht, bietet Dir eine saubere Möglichkeit, Dich auf ihn zu beziehen. Doch ein Mensch, der ständig zwischen Schafs- und Wolfspelz wechselt und das selbst nicht einmal merkt, macht seine Umgebung kirre. Er ändert, je nach sozialer Wetterlage, schnell mal seine Meinung, ist stark beeinflussbar und schließt Handlungszyklen oft nicht ab. Solche Menschen entschuldigen sich leidenschaftlich gern, wenn sie wieder mal ein Schlamassel angerichtet haben und dann ... machen sie so weiter.

Eine klare Ethik ist der Polarstern in einer Welt der tausend Möglichkeiten. Ohne sie fehlen Dir die Koordinaten, um Dein Handeln zu beurteilen. Du schlitterst immer wieder, scheinbar zufällig, in Situationen, die Deine Selbstachtung verletzen. Du verweilst wesentlich länger darin als nötig, denn Dir fehlt ein Kompass, um Dein Schiff wieder auf den rechten Kurs zu bringen.

Eine integre Persönlichkeit hingegen strahlt eine klare Absicht aus. Ihr Selbstbild und wie sie von anderen wahrgenommen wird, stimmen überein. Sie lebt von innen nach außen, das heißt, sie richtet sich nicht nach der äußeren Meinung und Wetterlage, sondern nach ihren inneren Koordinaten. Solche Leute sind nicht bequem und nicht immer die moralisch korrektesten. Doch sie sind verlässlich. Du teilst vielleicht nicht ihre Werte, doch Du weißt, woran Du bei ihnen bist. Die Kommunikation mit solchen Menschen inspiriert und führt zu klaren Ergebnissen.

So, jetzt haben wir uns viel mit der Bedeutung von Werten beschäftigt. Jetzt ist es an der Zeit, in die Praxis zu gehen und Deine eigene, Dich stärkende Ethik zu finden und zu formulieren.

DEINEN POLARSTERN FINDEN

Kleine Vorwarnung: Dieses Kapitel erfordert Denkarbeit! Es geht darum, herauszufinden, was Dir eigentlich im tiefsten Inneren wichtig ist, also was Du für Werte hast. Die Summe dieser Werte kann man als Deine persönliche Ethik bezeichnen. Durch das Kennen Deiner persönlichen Ethik gewinnst Du Klarheit, Wesentlichkeit, Standing, Selbstachtung und auch Erfolg. Doch davor wird etwas geistiger Schweiß fließen müssen.

ÜBUNG: Sich über die eigene Ethik klarwerden:

1. Notiere die wichtigsten Bereiche Deines Lebens, in denen Du Deine eigenen Werte herausfinden möchtest. (Beispiel: Leben generell, Liebesbeziehung, Arbeit, Spiritualität, Sexualität).
2. Wähle einen Bereich aus, den Du als Erstes untersuchen möchtest. Ich empfehle Dir, jeden Bereich einzeln zu behandeln. Es wird Dir Kraft schenken und Dich stark bewegen, das verspreche ich Dir.
3. Nimm Dir ein großes Blatt Papier. Schreibe den Bereich in die Mitte des Blattes. Zum Beispiel:

Meine Liebesbeziehung

4. Schreibe um dieses Zentrum herum alle Werte auf, die Du in diesem Bereich unbedingt verwirklicht sehen möchtest[25].

5. Denke darüber nach, wann Du diesen Bereich das letzte Mal als rundherum stimmig erlebt hast. Versetze Dich noch einmal in diese Zeit und frage Dich nun: Welche wesentlichen Werte habe ich damals gelebt? Schreibe auch diese Werte auf.

6. Eine weitere Methode, Deinen wichtigsten Werten in diesem Bereich auf die Spur zu kommen, ist es, Dir Dein Begräbnis vorzustellen. (Nicht gleich einen Schreck bekommen, diese Vorstellung bringt Dich nicht Deinem Tod näher, sondern Deinem Leben. Stelle Dir vor, Du stirbst im hohen Alter nach einem erfüllten Dasein.) Deine Lieben versammeln sich an Deinem Grab, und einer Deiner liebsten Menschen hält eine Rede. Er spricht unter anderem darüber, für welche Qualitäten Du bekannt gewesen bist. Was sind die drei bis fünf herausragenden Qualitäten, an die sich die Menschen erinnern sollen, wenn sie an Dich denken? Wähle die für den jeweiligen Bereich passenden Menschen aus. Wenn Du zum Beispiel gerade Deine Liebesbeziehung erforschst, lass Deinen Partner in Gedanken über Dich sprechen.

Jetzt schau auf das Bild. Welche Worte beschreiben vielleicht einen ähnlichen Wert? Fasse sie zusammen. Unterstreiche dann die fünf bis zehn wichtigsten Werte und schreibe sie noch einmal untereinander auf.

---

25 Als Inspiration kannst Du Dir gern die Werte-Liste von der Webseite downloaden. Dort findest Du über 100 verschiedene Wertebeispiele.

Ist es mit dieser Liste getan? Nein. Bis jetzt sind Deine Werte nur schön klingende Worte auf einem Blatt Papier. Sie warten darauf, dass Du sie mit *Deiner* speziellen Bedeutung zum Leben erweckst.

Hast Du Dir zum Beispiel schon einmal die Zeit genommen, um ausführlich über Ehrlichkeit nachzudenken? Ist das ein Wert für Dich? Wenn ja, wie definierst Du ihn? Ich kenne Menschen, die sagen: »Ehrlichkeit heißt, nicht zu lügen. Aber ich muss dir auch nicht alles erzählen.« Andere Menschen haben den Anspruch, alles offen zu legen. Es geht nicht um richtig oder falsch, sondern um eine für Dich stimmige Definition.

Um die Definition Deiner Werte herauszufinden, können Dir die folgenden Fragen helfen. Nimm Dir dafür jeden Wert auf Deiner Liste vor und frage Dich:

Was bedeutet dieser Wert ganz konkret für mich?

Wann fühle ich, dass dieser Wert von mir und anderen eingehalten wird, und woran merke ich, dass dieser Wert von mir oder einem anderen Menschen verletzt wird?

Ist dies meine aktuell stimmige Definition, oder habe ich sie einfach von jemand anderem unreflektiert übernommen?

Kann ich meinen Mitmenschen genau erklären, was dieser Wert für mich bedeutet?

Beschreibe Deine persönliche Definition der Werte so genau wie möglich und dann verwahre diese Werte-Liste gut, Du wirst sie später noch brauchen.

Hier ein Tipp: Wenn Du weißt, dass Du Schwierigkeiten hast, solche Erforschungsprozesse alleine zu durchlaufen, veranstalte eine Werte-Findungs-Party. Lade ein paar gute Freunde ein, die auch an einem bewussten, wachen Leben interessiert sind und lies ihnen dieses Kapitel vor. Dann führt den Prozess Etappe für Etappe durch. Erst sollte jeder die Fragen für sich beantworten, und danach tauscht Ihr Euch über Eure Ergebnisse aus. Es gibt keine bessere Möglichkeit, Euch gegenseitig gut kennenzulernen. Vielleicht ist es auch spannender, mal über Eure Werte zu sprechen statt über Politik oder die nächste Urlaubsreise. Ihr müsst nicht alles an einem Abend schaffen. Beschäftigt Euch eine Stunde intensiv damit und dann feiert mit einem guten Essen und einem Gläschen.[26]

Ich möchte diese Übung an einem persönlichen Beispiel illustrieren: »Freiheit« findet sich auf der Liste meiner wichtigsten Werte in allen Lebensbereichen – auch im Bereich Sexualität. Als ich Andrea vor 18 Jahren kennenlernte, verstand ich Freiheit als mein Recht, Sexualität auch mit anderen Frauen zu teilen. Das tat ich und war stolz darauf. Doch ich hatte mir de facto nie die Mühe gemacht, mich tiefer mit der Frage auseinanderzusetzen: »Was bedeutet Freiheit für mich? Bin ich wirklich frei, wenn ich mir gestatte, jeder Regung in meiner Hose zu folgen?« Ich begann, kritisch zu untersuchen, wie viel Freiheit mir meine sexuellen Eskapaden tatsächlich brachten. Mir fiel auf,

---

26 Bitte nicht die Reihenfolge umdrehen ...

dass mein Verstand oft durch die mit dem Thema verbundenen Fantasien, Flirts und Dramen okkupiert war. Traf ich mich mit einer Frau, erlebte ich für eine Nacht den Kick und die Erleichterung der sexuellen Eroberung, doch wenig später tauchten bereits neue »Jagdobjekte« auf dem Radar der Möglichkeiten auf. So hielt mich das Thema permanent beschäftigt. Es kreierte Unruhe und Leid für meine Familie. Und die Energie, die ich in diese Spiele investierte, fehlte mir bei der Realisierung meiner Herzensprojekte. Also gestand ich mir irgendwann nüchtern ein: »Veit, Freiheit sieht anders aus. Jedem knackigen Hintern hinterherschauen und über ein › Was wäre wenn …‹ nachdenken zu müssen, ist nicht frei.« Ich verzichtete für ein Jahr auf jeden Sex, um herauszufinden, was Freiheit für mich bedeutet. Ich tat das nicht für Andrea oder eine andere Frau, sondern für mich selbst. Ich möchte erfüllt und friedvoll sterben. Dafür muss ich meinem Ruf treu folgen. Es wird mir nichts nützen, die Vorstellungen anderer bedient zu haben.

Während meiner Abstinenz fand ich für mich eine neue, klarere Definition von Freiheit: bewusst wählen zu können, wie ich meine sexuelle Energie lebe. Es ist für mich wichtig, alle Regungen, auch die erotischen, ehrlich in mir wahrzunehmen und offen mit meiner Frau darüber zu sprechen. Doch ich muss sie nicht mehr ausleben. Interessanterweise ist mein ganzes Leben seitdem sinnlicher geworden, weil meine sexuelle Energie in alle schöpferischen Projekte einfließt. Meine körperliche Sexualität feiere ich nur noch mit einer Geliebten und dafür hier immer feiner und tiefer. Diese sehr bewusst gewählte Definition von Freiheit fühlt sich seit 14 Jahren sehr stimmig für mich an. Sie gibt auch meiner weiblichen Umgebung, zum Beispiel meinen Klientinnen, die Möglichkeit, sich eindeutig zu beziehen. Es gibt keinen Raum für Spielchen und das tut allen Beteiligten gut. Natürlich ist dies nur meine ganz persönliche Wahl, für Dich kann Freiheit etwas völlig anderes bedeuten.

Ich möchte Dich ermutigen, jeden Deiner Werte präzise und mutig zu erkunden. Löse Dich von fremden Erwartungen und Moralvorstellungen und finde Deine stimmige Definition. Denn erst damit kannst Du Dich klar auf andere Menschen beziehen. Nun lohnt es sich, mit denen, die Dir wichtig sind, in einen Dialog der Werte zu treten. (»Was verstehst du unter Liebe? Wie definierst du Freundschaft?«). Wir vermeiden diese ehrliche und spannende Diskussion oft, weil wir uns vor Ent-Täuschungen fürchten. Doch irgendwann fliegt eine Werte-Diskrepanz sowieso auf. Ich ziehe es daher vor, dies gleich zu Beginn einer Beziehung abzuklopfen, statt später unangenehme Missverständnisse zu erfahren.

ÜBUNG: Potenzialcheck

In der letzten Übung hast Du anhand der wesentlichen Bereiche Deines Lebens eine Liste Deiner eigenen Werte erstellt und dieses anschließend klar definiert. Jetzt wird es spannend, jetzt kannst Du erforschen, ob die Situationen und Beziehungen, in denen Du lebst, das Potenzial haben, dass Du Deine Werte darin verwirklichen kannst.

Ein Kernthema meiner Trainings und Beratungen ist die **berufliche Selbstverwirklichung**. In Deutschland sind über 80 Prozent aller Menschen nicht glücklich mit ihrer Arbeit. Die meisten spüren eine gewisse Unzufriedenheit, doch vielen fehlt Klarheit in zwei wesentlichen Fragen:

1. Was sind eigentlich meine wichtigsten Werte in Bezug auf Arbeit?
2. Gibt es bei meiner jetzigen Arbeitsstelle das Potenzial, diese Werte umzusetzen?

Nehmen wir an, Du hast in der letzten Übung Deine acht wichtigsten Werte in Bezug auf Arbeit herausgefunden und die lauten: ökonomischer Erfolg, Vertrauen, Ehrlichkeit, Freundlichkeit, Kreativität, Teamwork, etwas Gutes für alle tun, Exzellenz.

1. Zeichne jetzt eine Tabelle mit fünf Spalten und schreibe die acht Qualitäten untereinander in die erste Spalte.
2. Frage Dich nun bei jedem Wert: »Erlebe ich diesen Wert bereits ausreichend in meiner Arbeit?« Wenn Du dies aufrichtig bejahen kannst, machst Du in der zweiten Spalte ein Kreuz und freust Dich.
3. Ansonsten fragst Du weiter: »Hat diese Arbeitsstelle das Potenzial, diesen Wert voll zu entfalten?« Wenn Du darauf mit JA antworten kannst, machst Du ein Kreuz in Spalte 3 und fragst weiter: »Was kann ich konkret dafür tun, um den Wert an dieser Stelle voll zu

entfalten?« Als Antwort kommt vielleicht: »Ich müsste ein ehrliches Gespräch mit meinem Chef/Kollegen führen.« Oder: »Ich müsste anfangen, diesen Wert erst einmal selbst konsequent vorzuleben.«

4. Notiere Deine Antworten in Spalte 4 und setze sie so bald wie möglich um. Siehst Du für den Wert hingegen keine Umsetzungsmöglichkeit an Deinem Arbeitsplatz, zeichne ein großes Fragezeichen in die fünfte Spalte. Ich möchte Dich darin bestärken, diese unbequeme Wahrheit nicht auszublenden, sondern Dich ihr zu stellen. Dafür kannst Du prüfen, ob Du die folgenden Fragen bereits alle mit JA beantworten würdest:

- Hast Du wirklich alles versucht, um diesen Wert zu leben?
- Bist Du Dir sicher, dass es nicht möglich ist?
- Weiß Dein Chef/wissen Deine Kollegen, dass Du in diesem wichtigen Punkt unerfüllt bist?
- Bist Du bereit, mit ihm/ihnen ehrlich darüber zu sprechen?

Führe den Potenzial-Check für alle wichtigen Bereiche Deines Lebens durch. Auf jeden Fall für Deine Liebesbeziehung[27], Deine Familie, die Arbeit[28] und Deine Sexualität, denn das sind die bedeutsamsten

27 Vielleicht lebst Du gerade allein. Mach es dennoch, es sei denn, Du hast mit dem Thema abgeschlossen. (Glaube ich aber irgendwie nicht ...). Allein Dich so bewusst mit Deinen Werten zu beschäftigen, kann die nächste glückliche Beziehung anziehen.

28 Was ist, wenn Du im Augenblick keinen Job hast? Ich gehe in einem späteren Kapitel noch näher darauf ein, dass aus meiner Sicht Menschen immer arbeiten. Arbeit – das ist auch Muttersein, Rentnerdasein, Dich intensiv mit Hobbys beschäftigen ...

Spielfelder. Vielleicht bemerkst Du, dass schon das Nachdenken über so einen Potenzialcheck Hitzewellen in Dir auslöst. Das ist gut so. Kneif nicht. Das Leben ist zu wertvoll, um es mit faulen Kompromissen zu vergeuden. Geh nicht weiter, bevor Du eine gute Lösung für Deine Werte gefunden hast. Verwandle die wichtigsten Bereiche Deines Lebens in blühende Gärten Deiner Seele.

Ich bin kein Freund davon, die Flinte schnell ins Korn zu werfen. Nach meiner Erfahrung geben Menschen oft viel zu schnell auf, bevor sie entschlossen und kreativ nach intelligenten Lösungen gesucht haben. Nur weil Du im Augenblick eine Kluft zwischen Deinen Werten und der Realität siehst, heißt es nicht, dass sie sich nicht umsetzen lassen. Also möchte ich Dich ermutigen, es anzugehen. Zuallererst, indem Du selbst ein gutes Vorbild bist. Und dann, indem Du das konstruktive Gespräch suchst.

Ich berate auch etliche Unternehmer. Von allen weiß ich, dass sie selbst spüren, dass die alten Businessstrukturen ausgedient haben. Viele von ihnen suchen selbst nach neuen Modellen und sind dankbar, wenn sich Mitarbeiter aktiv in diesen kreativen Prozess einbringen. Vielleicht hast Du den Willen, aber Dir fehlt es an Ideen. Dafür gibt es wirklich gute Bücher und Zeitschriften, in denen neue Ansätze vorgestellt werden[29]. Oft lohnt es sich, einen externen Berater hinzuzuziehen, der neue Perspektiven ins Spiel bringen kann.

Über ein Verlassen Deines aktuellen Arbeitsumfeldes solltest Du erst dann nachdenken, wenn Du zu dem ehrlichen Schluss kommst, alles

---

29 Ich mag zum Beispiel die Magazine *brandEins* und *enorm* sehr gern.

versucht zu haben. Es ist eine Illusion anzunehmen, dass Du nur die richtigen Umstände brauchst, um zu erblühen. Dein selbstverantwortlicher Einsatz für Deine Werte wird immer erforderlich sein.

WENN ES HEISS WIRD UND DIE WERTE SICH REIBEN

Es wird nun immer praktischer. Mir liegt es am Herzen, Dir die Sache mit den Werten nicht nur als Theorie, sondern als eine sehr, sehr lebensrelevante Thematik zu vermitteln. Wenn Du nun Klarheit über Deine persönlichen Werte gewonnen hast, wird es dadurch einfacher, aber nicht immer leichter. Tagtäglich erleben wir Momente, in denen zwei oder sogar drei unserer Werte miteinander ringen oder im Widerspruch zu denen unseres Gegenübers stehen.

Wie gehst Du auf eine smarte und effektive Weise mit solchen Wertekonflikten um?

Vom Umgang mit Wertekonflikten in Dir

Welche Situation aus Deinem Alltag fällt Dir ein, in der Du Dich zwischen Ehrlichkeit und Höflichkeit, zwischen Loyalität und Freiheit oder zwischen Integrität und Erfolg entscheiden musstest?

Die Art, wie wir mit diesen Mikroentscheidungen umgehen,

erscheint uns im Einzelfall vielleicht unwichtig. Eventuell nehmen wir die Weggabelung, an der wir gerade stehen, gar nicht als solche wahr. Und oft entscheiden wir uns unbewusst für die leichtere, kurzfristig angenehmere Richtung. Aneinandergereiht jedoch formen wir durch diese vielen kleinen Wahlen, die wir heute und morgen treffen, unser Leben. **Durch unsere Taten manifestieren wir das, woran wir glauben, als Resultate in der Welt.**

Die Art und Weise, wie wir mit Wertekonflikten umgehen, beeinflusst unseren Selbstwert. Gehen wir ihnen aus dem Weg oder wählen wir aus Angst den faulen Kompromiss, dann sinkt unser Selbstwert. Stellen wir uns der Spannung und entscheiden uns bewusst für die wahrhaftigste Variante, stärkt das unsere Selbstachtung. Wenn wir eine Situation, in der zwei bedeutsame Werte miteinander kämpfen, nur unbewusst erfahren, fühlen wir uns zerrissen, zwischen den Stühlen, ohne genau zu verstehen, was hier eigentlich passiert. Gestresst treffen wir eine Entscheidung »aus dem Bauch heraus«, die sich langfristig nicht immer als die beste Wahl herausstellt.

Nehmen wir an, in Deinem Job liegen Dir sowohl Integrität als auch ökonomischer Erfolg[30] am Herzen. Natürlich wünschst

---

30 Kleiner Exkurs: Eine gute Freundin meinte, ich solle hier nicht ökonomischen Erfolg als Beispiel verwenden, sondern mich auf Werte wie Liebe und Mitmenschlichkeit konzentrieren. Doch ich habe dieses Thema bewusst gewählt, denn ich sehe dies als eines der existenziellen Dilemmata an, was Menschen heutzutage bewegt: Wie bekomme ich meine Sehnsucht nach einem sinnerfüllten Dasein mit einer stabilen ökonomischen Grundlage unter

Du Dir, immer beide Qualitäten verwirklichen zu können, doch manchmal musst Du Dich entscheiden – zum Beispiel zwischen Ehrlichkeit und Geld.

Vor drei Jahren erlebte meine Tochter bei einem Auslandsaufenthalt in Neuseeland so einen inneren Zwist. Ihre Kasse war leer. Sie fand keinen Job und wollte von uns keine Hilfe annehmen. Da erhielt sie ein lukratives Angebot in einer Austernfabrik. Begeistert berichtete sie uns darüber am Telefon. Plötzlich aber wurde sie traurig und begann zu weinen. Meine Tochter ernährt sich seit etlichen Jahren aus Überzeugung vegetarisch, und erst beim Erzählen realisierte sie, dass sie für diesen Job ihren Wert, das Leben von Tieren zu schonen, verraten musste. Obwohl ihr Dilemma für uns als Eltern schwer zu ertragen war, hüteten wir uns, ihr einen Ratschlag zu geben. Wir halfen ihr lediglich, zu erkennen, welche Werte in ihr rangen. Zum Abschluss unseres Telefonats riet ich ihr, sich zu fragen, welcher Weg der leichtere wäre und welcher ihre Selbstachtung auf Dauer stärken würde. Nach zwei Stunden meldete sie sich wie-

einen Hut? Ökonomischer Erfolg beinhaltet weit mehr als das Klischee, viel Geld zu scheffeln. Es bedeutet, Deine Kinder ernähren zu können. Es bedeutet, für das, was Du tust, gesellschaftliche Anerkennung zu erfahren. Es ist die Basis für Kunst, Kultur und Sinnverwirklichung. Unser Leben verödet, wenn wir es auf Geldverdienen (als obersten Wert) reduzieren. Doch unser Leben kommt auch gehörig ins Trudeln, wenn wir diesen Wert verdammen. Klienten, die wegen der ökonomischen Gesundung ihres Unternehmens zu mir kommen, stellen oft überrascht fest, dass sich der Wert Erfolg gar nicht unter den Top-Ten ihrer Ethik befindet. Das ist ein sehr wichtiger Bereich. Mein Buch zum Thema Würde, Arbeit und Erfolg folgt.

der. Ihre Stimme klang klar und bestimmt. Sie hatte den Job abgesagt und war bereit, lieber noch einige Tage zu fasten, als ihrem Wert zuwider zu handeln. Ich bin mir sicher, dass sie an dieser Kreuzung eine wichtige Wahl für den Rest ihres Lebens getroffen hat.

Es scheint verführerisch, den Kopf in den Sand zu stecken und den unangenehmen Konflikt, in dem Du steckst, zu verdrängen. Doch wir übersehen dabei, dass das, was wir heute tun, unsere Zukunft gestaltet. Wir säen heute den Samen der Früchte, die wir morgen ernten. Wir blenden diesen Zusammenhang gern aus und schauen dann betroffen auf die Ernte, als wären wir ein Opfer unglücklicher Wetterlagen.

Menschsein ist kein Schongang. Es ist ein intensiver Entwicklungsprozess, der phasenweise sehr viel von uns fordert. Manchmal erreichen unsere Wertekonflikte eine existenzielle Spannung, die uns schier zu zerreißen droht. Es scheint dann, dass wir, egal wie wir uns entscheiden, etwas sehr Wichtiges verlieren. Natürlich ist es sinnvoll, erst einmal nach einer Lösung zu suchen, um alle wichtigen Werte unter einen Hut zu bekommen. Doch mitunter musst Du etwas Wertvolles opfern, um Dich zu gewinnen.

Am 12. Juni 1964 wurde Nelson Mandela zu lebenslanger Haft verurteilt. Die Freiheitsstrafe leistete er überwiegend auf der Gefängnisinsel Robben Island ab, die im Atlantischen Ozean vor Kapstadt liegt. 1985 (21 Jahre später!) wurde ihm die Freilassung angeboten, wenn er bereit wäre, auf den bewaffneten Kampf zu verzichten. Mandela lehnte ab. Diese unglaublich starke Integrität ist der Grundstein für das hohe Ansehen und Vertrauen, das Mandela auch heute noch in der gesamten Welt genießt.

Ein bewusst erfahrener Wertekonflikt ist das Feuer, in dem ein Charakter getestet, gereinigt und gestärkt wird. Wenn Du das nächste Mal in so einer Situation bist, kannst Du Dir folgende Fragen stellen:

Welche zwei (oder drei) Werte kämpfen in mir?

Gibt es vielleicht eine intelligente Lösung, allen Werten gerecht zu werden? Habe ich darüber bereits ausreichend nachgedacht?

Wen könnte ich um Rat und Inspiration bitten?

Falls Du keine Möglichkeit siehst, allen Werten gerecht zu werden, stelle Dir bildhaft vor, dass Dein Leben gerade an einem Scheideweg angekommen ist. Je nachdem, für welchen Wert Du Dich entscheidest, öffnet sich ein anderes Zukunftsszenario. Erlaube Deiner Fantasie, einen Blick auf mögliche Zukunftsvarianten von Dir zu erhaschen. Wie wird Dein Leben in zehn Jahren aussehen, wenn Du Dich für diese Richtung oder für die andere entscheidest? Welche Wahl fühlt sich kraftvoller/würdevoller/frischer an? In welchem dieser Leben kannst Du Dir besser in die Augen schauen?

Zum Abschluss möchte ich noch meine Lieblingsübung mit Dir teilen, die ich gern in schwierigen Entscheidungssituationen anwende. Ich schließe die Augen und stelle mir vor, ich liege auf meinem Sterbebett. Meine letzten zwanzig Minuten sind angebrochen. Es ist klar, dass ich alle materiellen Reichtümer loslassen muss. Auch all meine Liebsten sind in diesem Augen-

blick nicht mehr wichtig. Ich bin allein mit mir und rekapitulie-re mein Leben. Von dieser fernen Zukunft aus schaue ich auf den Wertekonflikt, den ich heute erfahre, und frage mich: »Wie muss ich mich damals entschieden haben, um in meinen letzten zwanzig Minuten in Frieden mit meiner Wahl zu sein?« Ich habe in dieser kurzen Meditation immer eine eindeutige Ant-wort erhalten[31].

Vom Umgang mit Wertekonflikten in Deinen Beziehungen

Es kommt immer wieder vor, dass einer Deiner Werte mit de-nen Deines Beziehungspartners, Deines Kindes oder Kollegen in Konflikt gerät. Wie kannst Du damit konstruktiv umgehen? Was oft hilft, die Spannung herauszunehmen, ist, einen be-wussten Wertekonflikt als natürliches Element einer lebendi-gen Beziehung zu akzeptieren. Der negative Stress damit ent-steht:

- durch den unrealistischen Anspruch, man müsse immer ei-ner Meinung sein,
- durch die reflexhafte Angst, was das zur Folge haben könnte (Streit, Schmerz, Trennung?).
- durch stures Rechthabenwollen.

---

31 Empfehlung: Es gibt dazu eine geführte Meditations-CD von mir: »Der Tod als Lehrer«.

Mein Tipp

1. Verständnis: Anerkenne, dass Wertekonflikte zwischen wachen, selbstbewussten Menschen ganz natürlich dazugehören.

2. Selbstverantwortung: Wenn ein Wertekonflikt in einer Beziehung sichtbar wird, löst dies verständlicherweise oft starke Emotionen aus. Zu realisieren, dass Dir ein geliebter Mensch zwar körperlich nah, doch geistig meilenweit entfernt ist, zerstört Illusionen und kann schmerzen. Furcht steigt auf: »Was kann das jetzt bedeuten?« Oft reagieren wir wütend: »Warum kannst du das nicht genauso sehen wie ich?!« Akzeptiere und fühle all diese Gefühle in Dir, doch mach sie dem anderen nicht zum Vorwurf.

3. Toleranz: Auch wenn es manchmal schwerfällt, das umzusetzen: **Ein Wertekonflikt lässt sich nur dauerhaft lösen, wenn beide Parteien für sich akzeptiert haben, dass jeder Mensch das Recht hat, der zu sein, der er ist.** Auch wenn Du den Wert des anderen für Dich so nicht annehmen kannst, kannst Du ihn für diesen Wert nicht verurteilen. Werte verändern sich nicht durch Druck, sondern durch Entwicklung. Wer in seinen Werten angegriffen wird, ist nicht mehr zur Kooperation bereit. Wenn Du Macht ausübst, unterdrückt er sie vielleicht, doch er verändert sie nicht. Über kurz oder lang wird er seine Werte auf einem anderen Weg ausleben oder die Beziehung zu Dir verlassen.

4. Klarheit: Ein Wertekonflikt lässt sich nur lösen, wenn die Positionen klar sind. Oft spüren wir die Diskrepanz nur unbe-

wusst und jammern unklar herum, doch so kann sich nichts verändern. Legt Eure Wahrheit möglichst offen auf den Tisch. Formuliert Eure Werte (und ihre konkrete Bedeutung) so klar wie möglich. Oft lösen sich bereits dadurch Missverständnisse auf. Manchmal benutzen Menschen andere Worte, meinen jedoch dasselbe.

5. Committment: Wie wichtig ist Dir diese Beziehung? Sind Eure Werte wirklich grundverschieden? Was nun? Macht Euch ehrlich klar, wie viel Euch die Verbindung bedeutet. Je bedeutsamer diese Beziehung ist, desto stärker wird Eure Bereitschaft sein, eine innovative Wertebrücke zu finden. Es ist aber genauso legitim, zu der Erkenntnis zu gelangen, dass die Wertedifferenz zu groß erscheint und Ihr deshalb diese Form Eurer Beziehung beenden wollt. Wie immer gibt es einen goldenen Mittelweg. Wenn Du zu schnell aufgibst, verpasst Du das eigentliche, transformierende Potenzial der Beziehung, doch zu lange unter einem Kompromiss zu leiden, der essenzielle Bedürfnisse unerfüllt lässt, hilft weder Dir noch dem anderen weiter. Ihr haltet Euch dann in einer ungesunden Co-Abhängigkeit gefangen.

6. Konfliktlösung: Wenn Euch beiden die Beziehung wirklich wichtig ist, gibt es prinzipiell zwei Wege.

Lösung 1: **Der Kompromiss.** Ein Kompromiss ist legitim. Er braucht ein wenig Denkarbeit, aber er klappt, wenn er von beiden Seiten freiwillig eingegangen wird und Ihr auf Fairness achtet.

Beziehungen sind immer auch ein evolutionäres Arrangement. Zwei Zellen des Lebens (Dein Gegenüber und Du) verbünden sich, um gemeinsam mehr zu bewältigen, als jeder für sich allein könnte. Das passt selten so maßgeschneidert zusammen, dass alle beteiligten Egos voll auf ihre Kosten kommen. Aber geht es überhaupt darum? Es kann auch eine bereichernde, bewusstseinserweiternde Erfahrung sein, etwas *für* den anderen zu tun. Doch Achtung, dies funktioniert nicht, wenn der Verzicht aus Feigheit, Unklarheit oder Co-Abhängigkeit eingegangen wird. Dann wird Dich der Kompromiss nicht stärken, sondern blockieren und schwächen.

Lösung 2: **Die neue Synthese**. Ihr wisst, dass Ihr miteinander weiterwachsen wollt. Ihr wollt möglichst wenige Kompromisse machen. Dafür seid Ihr aber bereit, Euch einem intensiven Innovationsprozess auszusetzen.

Der Auftrag: miteinander eine völlig neue Lösung zu kreieren, die beide Werte erfüllt. Mir ist mittlerweile klar geworden, dass das Leben die Reibung verschiedener Werte nutzt, um Entwicklung voranzutreiben. Egal, ob der Wertekonflikt in Dir oder zwischen Dir und Deinem Partner auftaucht – die in Opposition zueinanderstehenden Werte lösen immer eine existenzielle Spannung aus.

Was geschieht nun, wenn zwei Menschen bereit sind, die Spannung bewusst auszuhalten? Wenn sie beschließen, nach einer Synthese zu suchen, die beiden Werten gerecht wird?

Andrea und ich erlebten zu Beginn unserer Beziehung einen sehr klassischen Mann-Frau-Konflikt. Ihr waren die Pflege und das Gedeihen unserer Familie wichtiger als Karriere und Erfolg. Bei mir verhielt es sich umgekehrt. Ganz oben stand meine Mission, dann kam die Familie. Ich kenne Frauen, die die Abwesenheit der Männer stillschweigend schlucken. Sie sind nicht glücklich. Ich kenne auch Männer, die für den Familienfrieden den Ruf ihrer Mission zurückschrauben. Sie wirken nicht vollständig in ihrer Kraft. Andrea und ich hatten Glück. Wir erkannten relativ schnell, dass es nichts bringt, die Position des anderen zu bekämpfen. Wir verstanden uns als ein lebendiges System, in dem jeder Werte einbrachte, die für das ganze System wesentlich waren. Also suchten wir nicht nach einem Kompromiss, sondern einer umfassenderen Synthese. Die Aufgabe lautete: Wie muss ein Arbeits- und Beziehungskonstrukt aussehen, in dem sowohl der Wert Familie als auch der Wert Erfolg voll anerkannt werden? Nach zahlreichen Stunden Brainstorming, Versuchen und Irrtümern fanden wir eine verblüffend einfache Lösung: Kindergruppen. Wo auch immer wir ab da Seminare durchführten, gab es auch eine gut versorgte Spiel- und Lerngruppe für Kinder. So mussten wir nicht mehr zwischen Arbeit und Familie entscheiden. Zuerst waren diese Gruppen nur für unsere Tochter und ihre Freunde gedacht, doch schnell erkannten wir, dass unser Wertekonflikt eine praktische Lösung auch für viele andere Eltern hervorgebracht hatte. Sie mussten sich plötzlich nicht mehr zwischen Weiterbildung und Familie entscheiden.

Sicher hast Du bemerkt, welche Lösung ich bevorzuge. Ich habe häufig erlebt, wie Menschen zu schnell aufgaben, weil ihnen nicht sofort eine Lösung einfiel. Doch ich habe auch oft erfahren, was für geniale Neuschöpfungen möglich werden, wenn Menschen sich zusammensetzen und wissen: »**Wenn wir jetzt noch keinen Weg kennen, heißt es nur, wir haben ihn noch nicht gefunden.**«

Das Leben gibt Dir ein Rätsel auf, wenn es Dich stark in die Richtung eines Menschen zieht, der andere Werte vertritt als Du. Wenn Ihr trotz dieser Spannung bewusst in Verbindung bleibt und dem anderen Meinungspol mit Respekt begegnet, kommt durch Euch etwas Neues in die Welt.

Sei es Dir wert. Denke größer.
Öffne Dich für Lösungen, die Dich und Dein Umfeld erfüllen.

Die 5. Tugend:

SEI DIR IN DEINEN TATEN TREU

Wie Du Deine innere Wahrheit in äußere Realitäten verwandelst

Wir sind in der Kunst der radikalen Selbstliebe schon weit fortgeschritten, doch der ultimative Kick fehlt noch: Tu es! Setze Dich um. Bring Dich ein. Lebe Deine Wahrheit. Konkret. Messbar. Berührbar. Echt. Tu, was Du sofort tun würdest, wenn Du keine Angst hättest.

Eines ist klar. Selbstliebe entsteht nicht durch Herumlabern und Träumen. Handeln ist die stärkste Quelle Deiner Selbstachtung. Letztendlich demonstrieren nur Deine täglichen Taten, woran Du wirklich glaubst. Dein Tun ist deshalb ein so wichtiger Spiegel Deines Selbstverständnisses.

Bis hierher habe ich Dich dazu eingeladen, freier zu denken, achtsamer zu spüren und Deine Werte konkret zu definieren. Wenn Du den Anregungen eine Chance gegeben hast, stehst Du nun vor der ultimativen Herausforderung eines menschlichen Lebens: **Deine achtsam erspürte, genau formulierte Wahrheit auch in Deiner äußeren Realität zu manifestieren.**

Bei aller wertvollen Innenschau solltest Du nämlich nicht den Moment verpassen, an dem es Zeit ist, von Deinem warmen Meditationskissen aufzustehen, die Räucherkerze auszudrücken und in die Welt zu treten. Ich treffe immer wieder Men-

schen, die nur einen Bruchteil ihrer Ressourcen aktiviert haben, weil sie sich für einen späteren, besseren Moment aufsparen. Dabei funktioniert es genau andersherum. Der bessere Moment kommt, wenn Du jetzt Dein Bestes gibst. Verschenke Dich heute. Genau da, wo Du jetzt gerade bist, gibt es noch mehr von Dir zu entdecken. Verwirkliche Dich: an der Bushaltestelle, an der Kasse im Supermarkt und auf dem Klo.

Bist Du bereit, mit Deinen Handlungen für Dich einzustehen? Denn eine Erkenntnis, die gedacht, aber nicht gelebt wird, ist nichts weiter als ein leerer Hirnfurz. Er erhebt Dich für einen kurzen Moment. Und dann? Lebst Du, woran Du glaubst? Hast Du das Standing, Deine Werte ehrlich und konkret zu vertreten, auch wenn Gegenwind bläst? Natürlich tut diese Frage manchmal weh. Sie pfeift unsere davoneilenden Gedanken aus einer Wunschzukunft ins Jetzt zurück und reduziert das eingebildete Tempo unserer Entwicklung auf echte, zum Teil ernüchternd kleine Schritte.

Die vielen Begegnungen der letzten Jahrzehnte haben mich von einem fest überzeugt: Jeder Mensch weiß (eigentlich), was gut und richtig für ihn ist. Doch dann tun wir es oft nicht. Wir setzen unser inneres Erkennen nicht in äußere Taten um. Selbstverwirklicht leben – das klingt schön. Doch in der Praxis ist dies oft verdammt schwer. Deine innere Wahrheit bringt Dich an den Rand Deiner Komfortzone (jenen Bereich Deines Lebens, den Du gut kennst und kontrollieren kannst).

Ich rede von jenen Situationen in Deinem Alltag, in denen Deine Knie weich werden, weil Du ahnst: Noch ein Wort, ein

Schritt, und Du betrittst Neuland. In solchen Momenten kämpfen zwei Grundbedürfnisse in Dir: Sicherheit (alles beim Alten lassen) und Wachstum (Neuland erobern). Du riskierst die Ablehnung der anderen, den Verlust materieller Sicherheit oder simpel einen Fehler zu machen. Wer von uns hat sich in so einem Augenblick nicht schon gewünscht, die Augen zu schließen und in einem problemfreien Paradies wieder aufzuwachen? Doch dafür hätten wir beim Inkarnieren eine andere Ausfahrt nehmen müssen. Auf unserem Planeten benutzt Evolution die Reibung an der Schnittstelle zwischen Sicherheit und Wachstum als Treibstoff für Deine Weiterentwicklung.

Wenn Du möchtest, spiele einmal in Gedanken Deine letzte Woche durch. In welchen Situationen musstest Du Dich zwischen Sicherheit und Wachstum entscheiden? Wie entscheidest Du Dich hauptsächlich, wenn Du am Rand Deiner Komfortzone stehst?

Zu Deiner Wahrheit zu stehen, kann, muss aber nicht mit spektakulären Entscheidungen verbunden sein. Es sind oft kleine, schlichte und doch so wesentliche Siege Deiner Würde. Wenn Du bei einem Familientreffen ehrlich bist, obwohl Du Angst vor der Ablehnung der anderen hast. Wenn Du Deinen Stolz überwindest und einen geliebten Menschen um Verzeihung bittest. Oder wenn Du einen fremden Menschen anlächelst, obwohl Du schüchtern bist.

Natürlich gibt es auch die großen Verabredungen mit Deinem Schicksal: Nimmst Du den besser bezahlten Job, obwohl Du dafür Deine persönlichen Werte verraten müsstest? Verlässt Du

eine Beziehung, die Dir nicht gut tut, aber ökonomische Sicherheit bietet? Investierst Du in das Projekt Deiner Träume – ohne jegliche Garantie auf einen erfolgreichen Ausgang?

Wenn wir kneifen, bleibt eine unangenehme Frage zurück: Was wäre gewesen, wenn …

Paradoxerweise fühlst Du Dich immer unsicherer, je mehr Du Dich an Sicherheit klammerst. Die Dir zur Verfügung stehende Komfortzone schrumpft langsam, aber unbarmherzig. Dein geistiger Horizont, Dein Handlungsspielraum, Dein Freundeskreis, die Bandbreite Deiner Gefühle – alles wird enger. Du weißt immer weniger, wer Du wirklich bist. Und daraus resultiert die tiefste Unsicherheit überhaupt. Die Rechnung geht also nicht auf.

Um in einer Welt, in der sich alles permanent wandelt, echte Stabilität zu finden, gibt es nur eine Möglichkeit: Lebe authentisch und verwirkliche Dich. So kommst Du in Dir an und findest das ruhende Zentrum inmitten aller Turbulenzen in Dir.

In den folgenden Kapiteln werde ich auf die größten Widersacher eingehen, die Dich am Rand Deiner Komfortzone erwarten und davon abzuhalten versuchen, Deine Wahrheit in Taten umzusetzen. Wenn Du sie verstehst und durchschaust, gewinnst Du Macht über den entscheidenden Augenblick der Wahl zurück. Ich werde vom Umgang mit Angst und Zweifeln und der Furcht vor Fehlern sprechen, die Scheu, sichtbar zu sein erklären, das Thema Schuldgefühle untersuchen und die Macht der Gewohnheit unter die Lupe nehmen.

WIE DU DEN MUT FINDEST, AUCH MIT ANGST LOSZUGEHEN

Angst ist wahrscheinlich das Phänomen, das uns am stärksten davon abhält, unserer Wahrheit zu folgen.

Der Begriff Angst leitet sich von dem indogermanischen *anghu* = »beengend« ab. Das beschreibt gut, was wir oft empfinden, wenn wir am Rand unserer Komfortzone stehen: Es wird eng. Unsere Kehle schnürt sich zusammen; die Knie werden weich. Wir wissen, was wir eigentlich tun wollen und ... tun es dann oft nicht. In Gesprächen über diesen Moment des »Kneifens« höre ich manchmal den Wunsch nach einem angstfreien Leben heraus. Viele Menschen versuchen ihre Angst zu bekämpfen, zum Beispiel durch ein künstlich-cooles Auftreten, esoterisch angehauchte Wohlfühlphrasen oder Alkohol.

Ich möchte Dir eine Alternative vorschlagen: Freunde Dich mit Deiner Angst an. Sie ist nicht Dein Gegner, sondern ein natürlicher Warnhinweis, der Dir signalisiert: »Achtung! Du bist kurz davor, die bekannte Zone zu verlassen. Ich kann dir nicht versprechen, dass der nächste Schritt noch sicher ist.« Und das ist die Wahrheit. Wenn Du Neuland betrittst, weißt Du nicht,

was auf Dich zukommt. Du kannst ausgelacht, verletzt, verraten, verkauft, manipuliert, in die Irre geleitet oder verlassen werden. Davor möchte Dich Deine Angst beschützen. Achte sie dafür, aber lass Dir nicht von ihr diktieren, was Du tust. Das eigentliche Problem ist nicht die Erfahrung von Angst im Körper, sondern ein disziplinloser Umgang mit ihr in Deinem Geist. Das Phänomen Angst auf körperlicher Ebene mag unangenehm sein, aber so, wie es kommt, geht es auch wieder. Doch wenn Du Deinem Verstand erlaubst, in Fantasien abzugleiten, was alles passieren könnte, wird die Angst wieder und wieder stimuliert. So verwandelt sich ein natürliches Signal in einen chronischen Zustand von Ängstlichkeit, Unruhe und Besorgnis. Hypnotisiert starrst Du dann auf die interne Leinwand der von Dir selbst kreierten Horrorszenarien und bleibst wie gelähmt auf Deinem Hintern sitzen.

Erlaube Dir, alle Symptome Deiner Angst auf körperlicher Ebene willkommen zu heißen[32] und Dich gleichzeitig konzentriert auf das auszurichten, was Du wirklich willst. Spür Deinen erhöhten Pulsschlag, die schlackernden Knie, die enge Brust und sag innerlich: »Okay, da ist es wieder! Wieder einmal stehe ich am Rande einer unbekannten Welt.« Ich weiß, das klingt banal, doch probiere es aus. Nur, wenn wir gegen diese Symptome

---

32 Diese Ratschläge gelten für normal neurotische Menschen. Beim Vorliegen einer tieferen Angststörung braucht es natürlich professionell-therapeutische Hilfe.

kämpfen, wird es schlimmer. Ich habe zum Beispiel bis heute mein Lampenfieber vor Vorträgen nicht im Griff. Ich will es auch gar nicht mehr in Griff bekommen. Es macht mich wach. Es bereitet mich auf eine Begegnung mit vielen Menschen vor, bei der immer alles Mögliche passieren kann. Doch was ich lernen musste, ist die Kunst, meinen Geist in diesem Grenzmoment genau auf das auszurichten, was ich will.

Was kannst Du tun, wenn die Angst Dich lähmt, den nächsten Schritt zu tun? Nun, Du besitzt eine wertvolle Gabe, Du kannst Dich in Deiner Vorstellung darauf konzentrieren, was Du durch diesen Schritt erreichen willst. Du kannst in Deinem Geist einen Grund finden, der Dich so stark motiviert, dass Du auch die Lähmung überwindest.

In meinen Augen gibt es keine Feiglinge, sondern nur Menschen, denen der richtige Grund abhandengekommen ist, es trotz aller Widerstände zu versuchen. Was ist ein richtiger Grund? Alles, was Dich stark berührt und entflammt. Dafür reichen rational gut klingende Argumente oft nicht aus. **Du musst die eine Sache finden, die Dein Stammhirn in Ekstase versetzt.** Denn Deine Vernunft allein wird Dich nicht auf die andere Seite bringen. Du musst das Ziel finden, das alle Deine Ressourcen – Deinen Körper, Deinen Geist, Dein Herz – miteinander in Entschlossenheit vereint. In jedem von uns glimmt, brennt oder lodert eine mächtige Sehnsucht. Ihr Feuer erinnert Dich daran, wer Du sein kannst. Es erinnert Dich an ein Versprechen, das Du Dir selbst gegenüber einlösen musst. Dieses Feuer ist mächtiger als jede Angst.

Wie findest Du den richtigen Grund? Wenn Du das nächste Mal an so einer Schwelle stehst, nimm Dir Zeit für die folgenden drei Schritte:

1. Fühle die Angst in Deinem Körper. Wo genau kannst Du sie spüren? Schau, was geschieht, wenn Du dieses Mal anders, freundlicher über sie denkst. Zum Beispiel so: »Ah, da ist sie wieder, meine Freundin, meine alte-neue Erregung vor dem Unbekannten!«

2. Schreibe auf, wovor Du Angst hast. Was kann alles an schlimmen Dingen passieren? Weiche nicht aus, bring es aufs Papier. Diese Dämonen verlieren einen Großteil ihrer Kraft, wenn sie gesehen, angesprochen und aufgeschrieben werden. Ach, übrigens, kennst Du den besten Witz eines menschlichen Lebens? Alles, wovor Du Dich fürchtest, weil es passieren könnte, wenn Du wirklich authentisch agierst, wird sowieso passieren. Du wirst Menschen verlieren. Du wirst Dich blamieren. Du wirst hinfallen. Du wirst Dich verletzen. Du wirst altern. Du wirst immer wieder allein sein. Und Du wirst sterben. Die Frage ist nicht, ob dies alles geschehen wird, sondern ob Du es ängstlich verkrampft auf den Zuschauerrängen erlebst oder mitten auf dem Spielfeld – wach, wild und lustvoll schnaufend.

3. Der wichtigste Teil: Schreibe mindestens zwanzig Gründe auf, warum Du Dich trotz Deiner Angst in Bewegung setzen wirst. Was wirst Du langfristig verlieren, wenn Du auf Deinem Hintern hocken bleibst? Was wirst Du kurz- und lang-

fristig gewinnen, wenn Du diesen Schritt machst? Achte beim Notieren der Gründe darauf, welche davon Dich wirklich bewegen. Wo fängt Dein Stammhirn an zu »britzeln«? Irgendwo in Dir gibt es den einen Grund, der die Macht hat, Dich von den Fesseln Deiner Zaghaftigkeit zu befreien und in Bewegung zu setzen.

PS: Wenn Du wieder einmal zögerst, Deiner Wahrheit zu folgen, stell Dich vor den Spiegel. Schau liebevoll auf das vergängliche Fleischklöpschen, in dem Deine leuchtende Seele wohnt, und sage Dir: »Das wird bald den Würmern als Futter dienen. Worauf warte ich noch?«

WIE DU ZWEIFEL IN VERTRAUEN VERWANDELST

»Ich fühl mich noch nicht bereit. Ich weiß/kann noch nicht genug. Ob ich das schaffe?«

Kennst Du solche und ähnliche Zweifel?

Unsere Zweifel arbeiten oft mit unseren Ängsten zusammen. Sie verwirren unseren Geist, bis der gerade noch so deutliche Impuls im Nebel der Unklarheit verschwunden ist. Es ist eine gefährliche Illusion, mit dem Losgehen zu warten, bis alle Zweifel ausgeräumt sind. Das wird nämlich nie der Fall sein. Solange Du den Weg noch nicht gegangen bist, sind Zweifel auch angebracht. **Du kannst *hoffen*, dass alles gutgehen wird – wissen wirst Du es erst, wenn Du es TUST.** Vertrauen stellt sich ein, wenn die bestätigende Erfahrung in jeder Zelle Deines Körpers angekommen ist. Zweifle ruhig an Dir, an Gott, an Deinem Vorhaben und … tue es trotzdem. Verarsch Dich nicht, indem Du Deine Unsicherheit mit blindem Vertrauen überspielst. Vertrauen gewinnst Du nicht durch Zettelchen mit positiven Sprüchen an Deiner Kühlschranktür; Vertrauen reift auf der Straße, im Feuer der direkten Begegnung. Deine Knie zittern? Deine

Hände schwitzen? Dein Kopf zweifelt? Na und? Tu es trotzdem!

In den existenziellen Momenten Deines Lebens wirst Du immer allein sein; niemand steht an Deiner Stelle und niemand kann Dir versprechen, dass alles gutgeht. Die schlauen Worte, die Du gehört oder gelesen hast, bringen Dich bis auf die Schwelle. Doch dann wird es still um Dich herum. Du trittst vor Deine tiefste Angst und Deine stärkste Sehnsucht und darfst wählen, wofür Dein Leben stehen soll. Hier, an dieser Grenze zwischen dem Alten und dem unbekannten Neuen, wandelt sich Glauben in Vertrauen und Wissen in Weisheit. Deine Seele lächelt still, wenn Du den nächsten Schritt setzt. Dann kehrst Du – vielleicht ramponiert, angeschlagen, und mit leeren Taschen – mit leuchtenden, friedvollen Augen in die Welt zurück.

Gehe mit Deinen Zweifeln Schritt für Schritt weiter. Teste das Leben nicht blöd, sondern bewusst.

Andrea und ich badeten vor etlichen Jahren in einem Steinbruch. Unter dem Einfluss von offensichtlich zu viel Testosteron sprang ich ohne Achtsamkeit von einem dreizehn Meter hohen Felsen ins Wasser. Dabei stauchte ich mir brutal meinen Nacken. Das war kein intelligentes Erweitern meiner Komfortzone, das war einfach nur dumm. Einige Tage später stand Andrea auf einem fünf Meter hohen Felsen im gleichen Steinbruch. Das Publikum war groß. Viele Menschen beobachteten sie und riefen ihr aufmunternde Worte zu. »Spring, sei mutig ...« Nach zehn Minuten stillem Stehen und Spüren ging sie wieder nach unten und sprang von einem ein Meter hohen Vorsprung

ins Wasser. Dann stieg sie wieder hoch. Immer mehr Menschen schauten ihr nun zu. Manche Kommentare waren nun ironisch. Andrea hielt inne, lauschte und ... kletterte wieder herab. Ich kürze die Geschichte etwas ab: Nachdem sie das Leben durch ca. zehn Ein-Meter-Sprünge geprüft hatte, war ihr Vertrauen groß genug für einen Fünf-Meter-Sprung. Für mich war ihre Bereitschaft, sich im Außen lächerlich zu machen, ein stärkerer Ausdruck von Selbstvertrauen als meine Impulshandlung.

Leben ist keine rosarote Märchenkomödie, in der immer alles gutgeht. Leben ist gefährlich. Niederlagen, Fehler, Überraschungen und Peinlichkeiten erwarten Dich, sobald Du den Kopf aus der Masse erhebst. Gestatte Deinen Zweifeln, Dich wach zu halten, doch übertrage ihnen nicht mehr Macht, als sie verdient haben. Lass Dich nicht von ihnen abhalten, Deinem tieferen Instinkt ins Neuland zu folgen. Verwandle Deine Zweifel in echtes Vertrauen, indem Du achtsam losgehst, das Feedback des Lebens empfängst und eventuell Deinen Kurs korrigierst. Deine kühnsten Träume sind ohne Handlungen ... nichts.

Also, wie wolltest Du noch einmal leben? Angepasst, nur scheinbar sicher, gelangweilt und misstrauisch? Oder wirklich sicher, ekstatisch und friedvoll zugleich?

WIE DU DEINE KREATIVITÄT BEFREIST

Wer seine Komfortzone oft verlässt, begeht zwangsläufig mehr Fehler als der Zögernde. Das ist gut so!
Welche Beziehung hast Du zu Deinen Irrtümern? Hindert Dich Deine Angst vor Fehlern manchmal daran, etwas zu riskieren? Wie gehst Du damit um, wenn Du einen Fehler gemacht hast? Kannst Du Dir schnell und sauber vergeben oder hängst Du noch lange daran fest? Aus Angst, etwas falsch zu machen, stehen viele mit einem Fuß auf dem Gaspedal und mit dem anderen auf der Bremse. Ein langer Weg der Zähmung liegt zwischen den kleinen, neugierigen Genies, als die wir alle geboren wurden, und den vorsichtigen, verklemmten, allzu verkopften Erwachsenen von heute. Wenn wir uns als kleine Kinder auch so sehr vor Fehlern gefürchtet hätten, würden wir immer noch nicht laufen. Doch damals wussten wir nicht, was Fehler sind. Es gab kein Konzept von »richtig« und »falsch«. Wir haben es nicht persönlich genommen, wenn andere über unsere tollpatschigen Manöver lachten. Versagen war keine Option. Wir gönnten uns nicht den Luxus von Selbstmitleid.

Wir waren lebensgeil, wild auf Abenteuer – wir hatten den Biss. Damit meine ich jene unbedingte Entschlossenheit, das zu erfüllen, wofür Du gekommen bist. Der Biss kann wild und kämpferisch sein, wie bei einem kleinen, zähen Jack Russell, der seinen Knochen nicht mehr hergeben will. Der Biss kann sanft und ausdauernd sein – wie Wasser in einem Fluss, das alle Hindernisse umspült und seinem Ziel, dem Meer, unablässig näher kommt. Egal wie oft Du gefallen bist und wie sehr Du Dich hast verunsichern lassen, Du hast den Biss noch immer. Es existiert mindestens eine heilige, brennende Sehnsucht in Deinem Herzen, die Deine Lust am Abenteuer jederzeit wieder erwecken kann. Weißt Du, was ich meine?

Stürz Dich ins Leben. Wild oder leise, auf Deine Weise. Verwandle jeden Tag einen kleinen, verrückten, magischen Impuls in eine echte Handlung. Und verabschiede Dich von dem Glauben, dass Du Fehler dabei um jedem Preis vermeiden müsstest. Als Kinder verfügten wir über eine schier unbegrenzte Kreativität und Lernfähigkeit. Es gab keine Probleme, dafür jede Menge Abenteuer. Dann haben wir uns von den Erwachsenen ein völlig absurdes Konzept aufschwatzen lassen. Sie nannten alle unsere Schöpfungen, die nicht in die Norm passten, Fehler: unsere brillante Idee, das Schlafzimmer unserer Eltern mit lebensgroßen Wandzeichnungen zu versehen. Unsere Ausflüge in die Mode- und Designerwelt, als wir mit einer Unterhose auf dem Kopf in den Kindergarten wollten. Oder erinnerst Du Dich, wie Du das erste Mal eine Schere in den Händen hieltest und voller Begeisterung herausfinden wolltest, was man alles damit zerschneiden kann? Was waren Deine Geniestreiche? Wie ist Deine Umgebung damit umgegangen? Wurdest Du ermutigt, neue, ungewohnte Kreationen in die Welt zu bringen, oder hat man Deine Individualität mit Vorwurf und Strafe in den Untergrund getrieben?

Es ist sinnlos, die vorangegangenen Generationen für diese kreative Kastration anzuklagen. Sie gaben im guten Glauben die eigene Beschränkung an uns weiter. Leider verbinden deshalb viele Menschen den Begriff Fehler mit Angst- und Schuldgefühlen. Das ist ein schöpferisches Desaster! Denn **Fehler sind die Hefe Deiner Evolution.** Mein Vorschlag: Da das Wort so negativ besetzt ist, benenne es in **Neuschöpfung** um.

In der Natur existieren keine Fehler. Leben entwickelt sich, indem es kontinuierlich Neues ausprobiert, Feedback aus den Resultaten empfängt und dann korrigiert. Begehe in möglichst kurzer Zeit auf eine möglichst bewusste Weise möglichst viele Fehler (= Neuschöpfungen). Wohlgemerkt: Nicht dumm. Nicht sinnlos. Nicht egoistisch. Sondern achtsam, empfänglich und flexibel korrigierend. Lass Deine Angst los, alles auf die bekannte Art machen zu wollen. Die Geschwindigkeit Deiner Entwicklung erhöht sich mit der Anzahl der bewussten Neuschöpfungen, die Du (geistig voll anwesend) begehst. Wenn Du heute alles auf dieselbe Weise tust wie gestern, schaltet Dein neuronales Netzwerk auf Standby, denn dafür braucht es sich nicht anzustrengen. Du schläfst im wahrsten Sinne des Wortes in Deinem Fleischklöpschen ein. Aber denk daran, Du musst noch bis zum Ende Deines Lebens mit Dir auskommen. Also höre auf,

Dich selbst zu langweilen, durchbrich die Routine Deines Lebens. Begehe lustvoll Neuschöpfungen. Blamiere Dich. Spiele. Handle auf eine Dich wahrhaft verrückende Weise neu – ekstatisch – lustvoll – farbenfroh – schräg – quer – gerade – größenwahnsinnig – inspirierend schön! Verzaubere Dich. Verliebe Dich neu in das Genie, das Du eigentlich bist.

Enjoy the risk

Wann hast Du das letzte Mal etwas zum ersten Mal getan? Läute eine Woche des bewussten Risikos ein und frage Dich jeden Morgen:

Was wollte ich schon immer einmal ausprobieren?

Welchen kleinen (oder auch großen) Impuls werde ich heute durch eine Handlung befreien?

Was würde ich sofort tun, wenn ich keine Angst vor Fehlern hätte?

Mit welcher konkreten Handlung möchte ich heute meine Komfortzone verlassen?

Dann tu es. Tu es sehr bewusst. Achte darauf, was in Dir freigesetzt wird, wenn Du einen Schritt in Richtung Freiheit gehst. Achte darauf, wie das Leben auf Deinen Impuls antwortet. Vielleicht willst Du am Ende der Woche gar nicht mehr damit aufhören ...

ZEIG DICH!

»Mach nie einen auf dicke Hose,
wenn Du Dich dann nicht traust, sie auch runterzulassen.«
(aus dem Film *Sucker Punch*)

Segelst Du wirklich an der Grenze Deiner Möglichkeiten oder schipperst Du noch immer am Ufer herum? Liegen alle Deine Karten auf dem Tisch? Kann die Welt sehen, wer Du bist, oder versteckst Du Dich?

Ich las vor Jahren von einer umfangreichen Befragung zu den stärksten Ängsten. Erstaunlicherweise wurde nicht die Furcht vor dem Tod, sondern die **Angst vor Sichtbarkeit** am häufigsten genannt. Wir sind soziale Herdentiere. Der Wunsch, dazuzugehören, respektiert und gemocht zu werden, ist tief in uns verankert. Oft fürchten wir uns gar nicht vor den Fehlern, die wir begehen könnten, wenn wir uns erheben, sondern vor den Reaktionen der anderen. Wer den Kopf aus der Herde streckt, riskiert, dass die anderen irritiert blöken. Damit musst Du klarkommen, wenn Du herausfinden willst, wer Du bist. Spätestens am Ende Deines Lebens werden Dich alle faulen Kompromisse maßlos ärgern. Die Anerkennung der anderen aber kann Dich

dann nicht mehr trösten. Du wirst Dir vor Wut über die verpassten Abenteuer in den Hintern beißen. Also komm, zeig Dich. Verändere die Spielregeln. Anstatt Dich wegzuducken, um ja keinen Treffer zu kassieren, steh auf. **Sag »Hier bin ich! Nur zu. Ich werde lernen, nackt im Gegenwind zu tanzen.«**
Für die unangenehmen Gefühle, die durch Kritik, Ablehnung oder Gelächter in uns hervorgerufen werden, gibt es kein Geheimrezept. Mein Tipp: Versuche erst gar nicht, Dir Deine Verletzbarkeit auszureden. Steh dazu. Du hast einen Treffer kassiert? Treffer kassiert! Lass es wehtun. Weißt du, warum Wildkräuter wesentlich stärkere und wertvollere Inhaltsstoffe besitzen als Salatblätter, die im Gewächshaus gezüchtet werden? Sie werden nicht geschont. Sie stehen jeden Tag draußen auf der Wiese, in der Hitze, im Sturm, im Regen. Deshalb müssen sie ihren ganzen inneren Reichtum aktivieren. Willst Du frei leben? Möchtest Du ausloten, was in Deinem Leben möglich ist? Dann mach es den Wildkräutern nach. Verlass Dein Gewächshaus. Gewöhne Dich an die peinliche und die großartigen Momente. Lerne, Bewunderung auszuhalten, ohne abzuheben, und Kritik einzustecken, ohne einzuknicken.
Deine Kritiker sind der Gegenwind, der Dich stärkt. Und vielleicht haben sie ja manchmal sogar recht. Vielleicht weisen sie Dich auf ein Manko hin, das Du nun dankbar korrigieren kannst. Nur wer aufsteht, wird von den Menschen gesehen. Sie werden Dir Deine schönen und hässlichen Aspekte spiegeln. Ihre zahlreichen Feedbacks beschleunigen Deinen Entwicklungsprozess. Manche werden versuchen, Dir Deine Wahrheit auszure-

den, andere werden Dich verurteilen. Wieder andere lachen Dich aus. In Wahrheit fürchten wir nicht die Kritik der anderen, sondern die Gefühle, die wir in solchen Momenten empfinden.

Vor etlichen Jahren erzählte ich einem guten Freund von meinem Wunsch, meine Arbeit einer größeren Öffentlichkeit zu präsentieren. Er hörte mir aufmerksam zu und fragte mich dann: »Veit, bist du dir wirklich sicher, dass du das willst? Bist du darauf vorbereitet, die Kontrolle darüber zu verlieren, was andere Menschen über dich sagen? Bist du darauf vorbereitet, dass dich mehr Menschen mögen, aber sehr wahrscheinlich auch mehr ablehnen werden?« Er nannte es die Kunst, mit offenem Herzen schusssicher zu werden. Damals antwortete ich in jugendlichem Leichtsinn: »Na klar!« Ich erinnerte mich wieder an dieses Gespräch, als mein erstes Buch herauskam. *SeelenGevögelt* ist eine sehr persönliche Liebeserklärung an das Leben und an Dich. Indem ich es schrieb und veröffentlichte, machte ich mich in gewisser Weise öffentlich nackt. Das Buch verkaufte sich besser als je erwartet. Als ich die Verkaufszahlen sah, brach ich zuerst in helle Freude aus. Doch dann durchzuckte mich ein eisiger Schreck. Was, wenn die Menschen das Buch nicht mögen? Was, wenn sie es falsch verstehen? Was, wenn sie schlecht über mich reden? Ich realisierte, dass ich zum ersten Mal im großen Stil die Kontrolle über mein Bild in der Öffentlichkeit verloren hatte. Seitdem habe ich viele positive, ermutigende Rückmeldungen erhalten. Doch mehr über mich gelernt habe ich durch die negativen Kritiken. Es wäre gelogen, wenn ich behaupten würde, dass mir Missbilligungen egal sind. Jede einzelne hat mich erst einmal schmerzhaft berührt. Am Anfang hätte ich am liebsten jeden angerufen, um mit ihm zu diskutieren: »He, das ist unfair. Du hast da etwas nicht verstanden. Warum musst du gleich so beleidigend werden? Lass uns drüber reden ...« Das Gute daran ist, dass Du nicht jedem Kritiker hinterherrennen kannst. Du musst mit Deinen Gefühlen allein klarkommen.

Das wirst Du schaffen, keine Bange. Die Frage ist eher, ob Du Dich auf dem Spiellevel Deines Daseins bewegst, das Dich genug fordert. Du willst den Herausforderungsgrad erhöhen? Ganz einfach. Zeig Dich mehr, und die Existenz schaltet einen Gang höher. Solange Du öffentlich nicht klar für das eintrittst, was Dir wichtig ist, lebst Du wie ein Chamäleon. Du gehörst irgendwie dazu, doch niemand, auch Du selbst nicht, weiß eigentlich, wer Du bist. Du wirst halbwegs ungeschoren über das Spielfeld kommen. Auf der anderen Seite schleichst Du Dich dann in die Kabine beziehungsweise den Sarg und flüsterst Dir tröstend zu: »Ich hab es wieder einmal sicher geschafft.«

In welchen Bereichen Deines Lebens trägst Du noch eine Tarnkappe? Wo vermeidest Du es noch, Dich in Deiner vollen Größe authentisch zu positionieren?

Selbstliebe ohne Sichtbarsein ist eine Illusion. Menschen, die sich selbst lieben, genießen es, sichtbar zu sein. Sie erwarten, dass andere sie bewusst wahrnehmen, nicht aber in jedem Fall mögen. Die Aufmerksamkeit der anderen ist ein wertvolles Feedback für unser Bewusstsein. Alleine können wir uns nur aus der Ich-Perspektive beobachten. Unsere Wahrnehmung von uns ohne die Begegnung mit anderen ist unvollständig. Jeder Mensch, dem gegenüber wir bereit sind, uns zu zeigen, führt uns zu einem tieferen Verständnis von uns selbst. Hast Du Dich schon einmal auf diesen Gedanken eingelassen: Was wäre, wenn Deine Mitmenschen alles von Dir wüssten? Wäre Dir das peinlich? Wahrscheinlich. Was wäre, wenn Dich Deine Mitmenschen einmal nackt gesehen und festgestellt hätten, dass vor ihnen einfach nur ein Mensch steht – hell oder dunkel, kleinlich oder groß, hässlich oder schön –, genau wie sie? Was, wenn Du nicht dagegen kämpfen würdest, gesehen, verurteilt, geliebt und ausgelacht zu werden? Was, wenn Du stark genug wärest, alle damit verbundenen Emotionen auszuhalten? Dann würde die Woge der Gefühle abklingen. Du würdest feststellen, dass Du immer noch alleine auf der Bühne Deines Lebens stehst. Die Menschen um Dich herum sind nur Deine Kulisse. Es gibt nur einen Menschen auf der ganzen Welt, von dessen Urteil Du wirklich abhängst: Du selbst.

Leg die Masken ab. Löse die Fesseln. Öffne die Tür. Komm raus und zeig Dich. Es ist ein prickelndes Gefühl der Wiedersehensfreude, wenn Du Dich von Deiner Umgebung erkannt fühlst. Ob Du es glaubst oder nicht – da draußen gibt es Menschen, die auf Dich warten. Sie freuen sich auf Dein echtes, unverfälschtes Selbst. Wenn Du mich fragst, habe ich lieber drei gute Freunde, die mich schätzen, genau wie ich bin, als zwanzig blinde Fans, die von einer Maske fasziniert sind.

Vielleicht hältst Du Dich noch verborgen, weil Du nicht weißt, ob Du etwas Wertvolles, Schönes und Bemerkenswertes zu teilen hast. Dann liegt die aufregende Aufgabe vor Dir, herauszufinden, worin Dein einzigartiger Wert besteht. Für Dich, für Deine Umwelt, für das Leben. Es gibt keine wertlosen Menschen. Es gibt keine hässlichen Menschen. Alles, was existiert, ist da, weil es der ganzen Existenz auf eine einzigartige Weise dienen kann.

Was hast Du Deinen Mitmenschen und der Welt zu schenken?

DICH NICHT MEHR DURCH SCHULDGEFÜHLE LÄHMEN LASSEN

Verantwortung und Schuld sind existenzielle Themen eines jeden menschlichen Lebens. Der Gedanke an Schuld kann extrem unangenehme und lähmende Gefühle auslösen. Doch es ist nicht möglich, Mensch und gleichzeitig völlig unschuldig zu sein. Wir überblicken niemals alle Auswirkungen unseres Tuns. Eine Handlung, die uns im ersten Augenblick wie ein großer Fehler erscheint, bewirkt langfristig vielleicht Gutes, und eine wohlgemeinte Aktion kann eine Katastrophe auslösen.

Um diesem komplexen Thema gerecht zu werden, bräuchte es ein ganzes Buch. Dennoch möchte ich es hier wenigstens ansprechen, denn eine geklärte Beziehung zu Schuld ist eine essenzielle Voraussetzung für ein würdevolles Leben. Wenn Du dumm mit der Herde läufst, hast Du es auf den ersten Blick leichter. Dann kannst Du im entscheidenden Augenblick alle Verantwortung von Dir weisen und die Schuld auf einen Sün-

denbock (den Politiker, die Ehefrau, den Guru) oder die Umstände abwälzen. Beliebt sind dann solche Sätze: »Das war damals halt so.« »Ich weiß gar nicht, wie das passieren konnte.« »Wenn es so geschehen ist, dann war es Gottes Wille.«

Ein wirklich lebendiges Dasein konfrontiert uns sehr oft mit der heißen Frage: »Was ist in dieser Situation wirklich die beste Wahl?« Natürlich können wir uns mit anderen beraten, doch letztendlich müssen wir mit den Konsequenzen unserer Handlung allein zurechtkommen. Wir können uns dreckig machen, fallen, gegen Wände rennen, in die Irre laufen und Entscheidungen treffen, die für andere Menschen Leid verursachen. Gesetze schützen unseren gesellschaftlichen Konsens darüber, was akzeptabel und was inakzeptabel ist. Doch wer misst den Grad unserer Schuld, wenn wir einen anderen durch eine Lüge oder ein harsches Wort verletzen? Was ist mit jenen Handlungen, die niemand außer uns selbst sieht? Ist etwas automatisch in Ordnung, nur weil wir vor Gericht nicht dafür angeklagt werden können? Es gibt keine allgemeingültige Antwort auf die Frage, wo Verantwortung beginnt und wo sie endet. Eine individuelle Antwort darauf muss jeder Mensch in seinem Herzen finden. Deswegen hüte ich mich auch davor, Dir eine Definition vorzuschlagen. Doch ich möchte Dich im Interesse aller Menschen, mit denen Du zu tun hast, bitten, Dich dem Thema bewusst zu stellen und Deinen eigenen Standpunkt zu finden. Wenn Du Schuld empfindest, ist es sinnvoll zuerst zu überprüfen:

Hast Du Deine eigenen Werte oder die einer fremden Autorität verletzt?

Leider wurde und wird in Erziehungsstrukturen das Konzept von Schuld benutzt, um Kinder zu kontrollieren. Anstatt sie mit Verständnis und vor allem als Vorbild in ihren natürlichen Reifungsprozessen zu begleiten, vermitteln wir ihnen das Gefühl, einen Fehler gemacht zu haben, wenn sie nicht der Norm entsprechen. Doch ein Mensch, der sich schuldig fühlt, lernt nicht mehr mit Freude, sondern unter Druck. Er legt sich seine Werte nicht zu, weil er sie für sich als gut erkannt hat, sondern weil andere dies von ihm erwarten. Leider benutzen wir auch in unseren Erwachsenenbeziehungen die Übertragung von Schuld, um unser Gegenüber zu kontrollieren. Mal ganz ehrlich: Versuchst Du nicht auch manchmal, Deinem Partner, Freund oder Kind Schuldgefühle zu vermitteln, wenn dieser Mensch etwas tut, was Dich in Deiner Komfortzone bedroht? So halten sich viele Ehepaare durch Schuldvorwürfe in ihrer Entwicklung auf.

Aus diesem manipulierenden Teufelskreislauf kannst Du nur aussteigen, wenn Du lernst, zwischen Deinem eigenen Schuldempfinden und der Beurteilung Deiner Umwelt zu unterscheiden. So tragen wir alle noch das Echo der Stimmen alter Autoritäten (Eltern, Lehrer, Kirche, Gesellschaft) in uns, die uns zuraunen, was man darf und was nicht. Wir wundern uns, warum wir uns schuldig fühlen, wenn wir beim Sex Spaß empfinden, wenn wir mit einer idealistischen Arbeit viel Geld verdienen, wenn wir das tun, was wir wollen, anstatt die Wünsche der anderen zu erfüllen. Diese Art von implantierten Schuldgefühlen gehen immer mit verallgemeinerten Gedanken einher wie »So

etwas tut man nicht. Das darf man nicht.« Es hilft, genau zu hinterfragen: Wer genau sagt, dass man das nicht darf? Stimmt das wirklich? Vor allem: Stimmt dies für mich?

Wenn Du so eine »fremde Schuld« enttarnst, ist es sehr heilsam, sie klar zu benennen und an die Quelle zurückzugeben.

Ich stamme aus einer Medizinerfamilie. Als ich mein Medizinstudium abbrach, fühlte ich mich viele Jahre lang schuldig. Ich hatte das Gefühl, meine Familie verraten und enttäuscht zu haben. Ich bestrafte mich selbst, indem ich den Erfolg auf dem von mir eingeschlagenen Weg immer wieder sabotierte. Irgendwann begriff ich, dass ich mich aufgrund fremder Regeln schuldig fühlte. Es war der Wert meiner Eltern, den ich verletzt hatte – nicht mein eigener. Ich schrieb damals einen Brief, in dem ich diesen Wert bewusst an sie zurückgab und ihnen mitteilte, dass ich nicht länger bereit sei, mich dafür schuldig zu fühlen, dass ich meinem Pfad folge. Ich habe den Brief nicht abgeschickt, sondern verbrannt. Er war für mich wichtig, nicht für meine Eltern. Ich kann den Zusammenhang nicht beweisen, doch danach klangen meine Schuldgefühle diesbezüglich langsam, aber stetig ab und auch der ersehnte Erfolg stellte sich ein.

Wirklich spannend wird es allerdings, wenn Du Deine eigenen Werte verletzt. Ich halte es für überaus wichtig, sich der eigenen Verantwortung klar und ohne Selbstmitleid zu stellen. Wenn Du diese Form der Eigenschuld fühlst, nimm sie offen an. Fühle alles und analysiere nüchtern. Welcher Wert wurde von Dir verletzt? Ist Dir dieser Wert wichtig? Was muss korrigiert werden?

Die Dramen, welche wir rund um das Thema Schuld kreieren, verhindern, dass wir effektiv aus der Situation lernen. Wenn jemand Dir gegenüber Mist baut und sich danach hochemotional dafür entschuldigt, bereite Dich darauf vor, dass es sehr wahrscheinlich wieder passieren wird. Er erteilt sich gerade mit seinem Gejammer eine Absolution, um denselben Fehler wieder tun zu können. Unterbrich ihn liebevoll. Sag ihm, dass Du nicht an einer Entschuldigung interessiert bist, sondern an seinen Schlussfolgerungen. Was will er ab jetzt konkret anders machen, um zu verhindern, dass es wieder geschieht?

Genauso verfahre mit Dir selbst. Du hast Mist gebaut? Okay. Stell Dich nüchtern allen damit verbundenen Gefühlen. Lass es brennen. Bleib bei klarem Verstand. Ziehe Deine Schlüsse. Korrigiere. Mach gut, was gut zu machen ist, und geh weiter.

Es ist übrigens ein Irrtum, anzunehmen, Du könntest es gänzlich vermeiden, Dich schuldig zu machen, indem Du Dich gar nicht bewegst. Denn auch eine unterlassene Handlung kann Leid verursachen. Menschsein bedeutet Unvollkommenheit. Finde Frieden damit.

DEINEN HINTERN AUCH WIRK-LICH IN BEWEGUNG SETZEN

Wofür mich meine Klienten manchmal hassen und hoffentlich auch lieben, ist die Frage »Und was bedeutet das jetzt konkret?«. Wir leben im Zeitalter der leeren Worthülsen. Das ist schade. Leere Phrasen wirken wie Mohn. Sie schläfern Entwicklung ein. Es wird erst so richtig heiß, spannend, herausfordernd, befriedigend, wenn wir uns angewöhnen, nach einer wertvollen Erkenntnis sofort nachzuhaken, was die Erkenntnis nun für konkrete Auswirkungen haben soll.

Viele Menschen schauen irgendwann nur noch resigniert auf die Lücke zwischen dem, was ist, und dem, was sie eigentlich gern möchten. Sie haben die Hoffnung auf einen echten Neuanfang aufgegeben. Vielleicht hast Du selbst schon mehrere Male versucht, Dich oder Teilaspekte Deines Lebens entscheidend zu verändern, und Dich dann doch enttäuscht im Laufgitter der alten Gewohnheiten wiedergefunden.

Es liegt nicht daran, dass Wandel nicht möglich ist. Du bist sehr wahrscheinlich auch nicht unwillig oder zu dumm. Du hast lediglich die Macht der Gewohnheit noch nicht in ihrem ganzen

Ausmaß verstanden. Kurz und simpel: Alles, was Du häufig wiederholst, wird im neuronalen Netzwerk Deines Gehirns als ein automatisches Programm gespeichert. Der praktische Effekt: Du musst nicht alles immer wieder neu lernen und kannst vieles wie nebenbei automatisch erledigen. Der unangenehme Nebeneffekt: Es werden eben nicht nur Handlungsabfolgen wie beispielsweise Zähneputzen oder Schuhe zubinden als Muster gespeichert, sondern auch Angewohnheiten wie schlecht über Dich selbst zu denken, wichtige Impulse zu vergessen, Dich sinnlos zu ärgern oder zu sorgen oder zu viel und zu schlecht zu essen. Jede Neurose ist letztendlich nichts weiter als eine Gewohnheit – eingebrannt in Dein neuronales Gedächtnis.

Ich hoffe natürlich, dass Dich dieses Buch zu vielen guten Vorsätzen verleitet. Doch die allein reichen eben nicht aus. Damit kommst Du vielleicht über die erste Woche, doch eh Du Dich versiehst, rutscht Dein Denken und Handeln wieder in die ausgefahrenen Spurrillen Deiner alten Gewohnheiten. Wie kannst du Deinen Hintern endlich nachhaltig für Deine Wahrheit in Bewegung setzen?

Die Kunst der Transformation besteht darin, eine neue Erkenntnis in einen Automatismus zu verwandeln. Es geht darum, den frischen Impuls als eine Gewohnheit einzuprogrammieren, über die Du gar nicht mehr willentlich entscheiden musst.

Wie geht das? Du brauchst für Deine erfolgreiche Neuprogrammierung **Erregung, Tat** und **Wiederholung**.

Vereinfacht erklärt: Jedes Mal, wenn Du etwas engagiert, begeistert, enthusiastisch tust, fließt viel elektrischer Strom in Deinem Gehirn. Deine Nervenzellen merken sich die neue Verbindung leichter und länger. Handelst Du lustlos und gelangweilt, geht es Deinem neuronalen Netzwerk am A... vorbei. Es zuckt nicht. Es merkt sich nichts. Wie erzeugst Du Erregung? Indem Du die neuen Dinge bewusst mit Freude und Begeisterung tust. Entweder, weil die Handlung aus sich heraus Spaß macht oder weil Du Dich innerlich mit dem **Wofür?** verbindest. Liegestützen können Spaß machen, aber auch abtörnen. Bevor Du Dich das nächste Mal dazu zwingst (sehr kontraproduktiv!), halte inne und finde einen starken, Dich begeisternden Grund, **wofür** Du genau diese Liegestütze jetzt machen wirst. Für ein rüstiges Älterwerden ohne Schmerzen, für beweglichen Sex mit Deinem Traumpartner, für Dein nächstes Steak etc.

Es ist wichtig, dass Du Deine neuen Vorsätze möglichst bald und immer wieder in Taten umsetzt. Dein neuronales Gedächtnis lernt am intensivsten, wenn Dein ganzer Körper beteiligt ist. Außerdem gibt es Untersuchungen, die belegen, dass es mindestens 21 Tage Wiederholung (ohne Unterbrechung!) braucht, bis Dein Unterbewusstsein die neue Gewohnheit gespeichert hat. Wenn Du Deinen inneren Schweinehund kennst und weißt, dass es Dir schwerfällt, am Ball zu bleiben, sind hier meine Tipps, wie es Dir sehr wahrscheinlich gelingen wird.

ÜBUNG: Neuprogrammierung mit Freude

Am besten probierst Du es sofort an einem konkreten Beispiel aus. Gibt es ein positives Vorhaben (vielleicht wachgerufen durch das Buch), was Du unbedingt in eine Gewohnheit verwandeln möchtest? Du brauchst dafür ein Blatt Papier und einen Stift.

Orientiere Dich nun an dem folgenden Plan zur sicheren Verwirklichung. Die Wahrscheinlichkeit, dass Du es tust, steigt statistisch gesehen, mit jedem der folgenden Schritte deutlich an:

1. **Wenn Du eine gute Idee liest oder hörst.**

   Notiere, welche gute Idee Du gehört bzw. gelesen hast.

2. **Wenn Du Dich bewusst entscheidest, diese Idee umzusetzen.**

   Wenn Du dazu bereit bist, vervollständige den folgenden Satz: »Ja, ich entscheide mich…

3. **Wenn Du gute (Dich bewegende) Gründe findest, warum es sich unbedingt lohnt, es zu tun.**

   Notiere mindestens fünf gute Gründe, warum Du es unbedingt tun willst.

4. **Wenn Du eine erste Handlung dafür sofort tust (nach spätestens 72 Stunden sinkt die Wahrscheinlichkeit für eine Umsetzung gegen null).**

   In diesem Fall hast Du es bereits getan, indem Du diese Übung schriftlich umsetzt.

5. **Wenn Du bereit bist, auf regelmäßiger Basis ein klein wenig dafür zu tun (anstatt es mit einer Hauruckaktion zu versuchen).**

   Überlege Dir, welche Handlung Du täglich dafür tun könntest. Sie

sollte überprüfbar und in einer realistischen Größendimension sein. Wenn Du Dir zu viel vornimmst, ist die Gefahr zu groß, dass Du frustriert scheiterst. Beispiel: Beginne lieber mit drei Liegestützen täglich und steigere Dich pro Woche um einen, als Dir sofort zwanzig zuzumuten. Beginne mit einer gesunden Mahlzeit pro Tag, als gleich Dein gesamtes Essverhalten umzustellen.

6. **Wenn Du ganz konkret planst, wie Du Dein Vorhaben für mindestens 21 Tage umsetzen wirst und dies schriftlich formulierst.**

Notiere auf dem Papier Dein konkretes Vorhaben: »Ich werde…« Nimm Dir dann einen weiteren kleinen Zettel (Karteikartenformat) und schreibe Deine erste, konkrete Handlung für den heutigen Tag darauf[33]. Lege diesen Zettel neben Dein Bett. Streiche die Handlung vor dem Schlafengehen durch, wenn Du es getan hast. Erkenne Dich dafür an. Notiere Deine Handlung für den morgigen Tag auf dem nächsten Zettel. Lies ihn Dir beim Aufwachen kurz durch. Platziere ihn so, dass Du ihn vor dem Schlafengehen wiedersehen musst,… usw.

7. **Wenn Du Dich gegenüber anderen öffentlich verpflichtest, zu handeln.**

Notiere hier und jetzt ein bis drei Namen von Menschen, die Du heute noch von Deinem Vorhaben unterrichten möchtest.

8. **Wenn Du anderen Menschen eine Überprüfungsvollmacht gibst.**

Welcher Mensch in Deinem Umfeld ist zuverlässig und mag Dich? Bitte ihn, innerhalb dieser Programmierungszeit regelmäßig nach-

---

33 »Heute schon???« »Ja, was hast Du denn gedacht, wann es losgeht?«

zufragen, ob Du wirklich am Ball bleibst. Hast Du Kinder? Die freuen sich, wenn sie mal einen Erwachsenen kontrollieren dürfen. Besonders, wenn Du mit ihnen eine Prämie ausmachst, die sie erhalten, wenn sie Dich erwischen.

Durch diese Übung trennt sich die Spreu vom Weizen! Es gibt viele Menschen, die träumen und hoffen. Doch wer ist bereit, seinen essenziellen Wünschen jeden Tag eine kleine Handlung zu widmen? Vielleicht denkst Du:»Wie sollen mich so winzige Schritte an mein so großes Ziel führen? Damit komme ich nie auf den hohen Berggipfel, den ich mir ausgesucht habe.«Irrtum. Ich garantiere Dir: Kleine, bewusste Handlungen täglich und Du wirst Dein Leben nach einem Jahr nicht mehr wiedererkennen.

Wenn Du Dich wirklich liebst und endlich den Erfolg erfahren möchtest, den Du verdienst, dann sei bereit, *kontinuierlich* für Deine heiligen Werte zu handeln. Ein Meister erscheint täglich auf der Übungsmatte – egal, wie er sich fühlt. Er übernimmt sich nicht. Er vertraut dem Gesetz der kontinuierlichen Handlung.

Fang sofort an. Wo ist der Zettel? Wo ist der Stift? Wenn ich Dir nur eine Übung mitgeben dürfte, die Dein Leben ganz sicher revolutioniert, ist es diese. Bei meinen Klienten wirkt es Wunder. Ich freue mich jedes Mal, wenn ich irgendwo in Deutschland unterwegs bin, in einen Buchladen einkehre und die Post-

karten einer inzwischen bekannten Künstlerin entdecke. Oder wenn mir Menschen ihr fertiges Buch schicken oder ein Foto ihrer glücklichen Liebesbeziehung. Am Anfang dieser wunderbaren Manifestationen stand jeweils der Entschluss, sie jetzt endlich umzusetzen.

Lass den heutigen Tag zu dem Tag werden, an den Du immer zurückdenken wirst: »Damals wandelte ich mich vom Träumer zum Verwirklicher!«

In diesem Sinne wünsche ich Dir ein wundervoll aktives Leben. Setze Dich um.

Die 6. Tugend:

ERWACHE

Entdecke, wer Du wirklich bist

Bitte halte für einen Augenblick inne und schau Dich da, wo Du gerade sitzt oder liegst, einmal um. Nimm aufmerksam wahr, was Dich umgibt.

Was siehst Du? Was hörst Du? Was spürst Du? In welcher Realität lebst Du gerade und wie beziehst Du Dich auf sie? Glaubst Du, dass das, was Du jetzt gerade wahrnimmst, wirklich real ist? Bist Du Dir sicher?[34]

Hattest Du schon einmal die Ahnung, dass die Welt, in der Du lebst, nur ein Traum ist? Ist Dir aufgefallen, dass etwas in Dir im Laufe all der Jahre nie gealtert ist?

Ich hoffe, dass Du ahnst oder weißt, wovon ich schreibe. Denn ich versuche, mit Worten zu beschreiben, was eigentlich jenseits aller Begrifflichkeit ist. Hast Du schon Augenblicke erlebt, in denen Dich etwas berührte, was eindeutig größer war als Du selbst und die Summe Deines Lebens? Vielleicht der Anblick eines neugeborenen Kindes oder das Farbenmeer eines Sonnen-

---

34 Wusstest Du, dass in jeder Sekunde ca. 11 Millionen Sinneseindrücke auf Dich einprasseln, Dein Gehirn aber nur 40 (!) davon bewusst verarbeiten kann? Der Rest wird einfach ausgeblendet.

untergangs, die Klänge einer Symphonie, eine tiefe Meditation oder die Augen des Geliebten. Ohne, dass wir es erklären könnten, dehnt sich in solchen Augenblicken unser Bewusstsein über alle uns bekannten Grenzen hinweg aus. Vielleicht nur eine Zehntelsekunde gibt es kein kleines Ich, keine Trennung, keine Angst. In dieser Zeit tauchen wir in ein tiefes Gefühl von Zuhause ein, das uns von allen Zweifeln und Zwängen unseres Daseins befreit. Ein Moment tiefster Klarheit, der unser normales Leben wie einen Traum erscheinen lässt.

In diesen Augenblicken *wissen* wir – jenseits unserer Gedanken –, dass wir wesentlich mehr sind als dieses kleine Selbst, das wir tagtäglich wahrnehmen. Dieser letzte Abschnitt des Buches berichtet von dem Kōan[35], Deine Rolle auf der Bühne des Lebens mit vollem Einsatz zu spielen und gleichzeitig entspannt dabei zuzuschauen.

Für mich ist dies das schönste, mysteriöseste Paradoxon eines menschlichen Lebens: Es findet zur selben Zeit auf zwei Ebenen statt. Zum einen stehen wir wie auf der Bühne eines grandiosen Theaterstückes. Wir werden geboren, wachsen auf, lernen, kämpfen, leiden und lieben. Auf dieser Ebene erfahren wir Entwicklung und bringen, wenn alles gut geht, immer mehr von

---

35 Ein *Kōan* ist im Zen-Buddhismus ein Rätsel, das der Meister seinem Schüler aufgibt. Es enthält oft ein Paradoxon und ist deshalb mit dem Verstand allein nicht zu lösen. Der eigentliche Sinn eines Kōans erschließt sich nur intuitiv, ohne Worte. Das Ziel der Kōan-Praxis ist die Erkenntnis der absoluten, nondualen Wirklichkeit jenseits der polaren Wahrnehmung unseres Verstandes.

unseren inneren Schätzen in das Spiel mit ein. Wir können uns verbessern und entwickeln, doch wir werden hier nie vollkommen sein. Um dieses Theaterstück möglichst entspannt und glücklich zu erfahren, ist es sinnvoll, sein Bestes zu geben, sich gut kennenzulernen und für die eigenen Bedürfnisse einzutreten. Doch egal, wie hoch Du baust – es wird Augenblicke geben, in denen Du spürst, dass Du alles irgendwann wieder aus der Hand geben musst. Eine leise Frage schleicht sich in Dein Herz: »Wofür das alles?« Ich wünsche Dir den Mut, Dich von diesem existenziellen Zweifel berühren zu lassen. Dann bedeutet Selbstliebe nicht nur psychologische Oberflächenkosmetik, sondern echte Heimat.

So aufregend es auf der Bühne auch zugeht, Du wirst hier nie den Frieden finden, der Dich existenziell stillt. Es wird immer etwas geben, was fehlt. Hier erfährst Du Schmerz, Angst und Ohnmacht. Hier alterst Du. Du verlierst geliebte Menschen und Illusionen. Wenn Du glaubst, dass der primäre Zweck des Theaterstücks darin besteht, Dich satt zu machen, wirst Du am Ende einer langen Show leer und müde nach Hause gehen. Doch was wäre, wenn alles, was Du siehst, ein paradoxer Trainings-Traum ist – geschaffen, um Dich daran zu erinnern, wer Du wirklich bist?

Wir sind physische und geistige Wesen. Wir haben einen Körper, der krank werden kann, verfällt und schließlich stirbt. Wir haben einen Verstand, der klar, aufgewühlt oder verwirrt sein kann. Wir erfahren Emotionen und Sinneseindrücke. Doch unter den Wellen dieser Erscheinungen ruht ein stilles, grenzen-

loses Bewusst-SEIN. Diese unberührte, reine Dimension wird von den Christen *der göttliche Funken,* von den Hindus *Atman* und den Buddhisten *die wahre Buddha-Natur* genannt. Menschen sind fähig, diesen Funken in sich zu erkennen. Dafür musst Du keiner Religion angehören. Auch einem Atheisten steht eine ernsthafte, spirituelle Praxis offen. Im Kern zielt jede spirituelle Praxis darauf, den vom Drama aufgewühlten Verstand still werden zu lassen. Wenn wir aufhören so zu tun, als wüssten wir, wer wir sind, wird es still. Stiller als still. Dann erwachst Du mitten im Spiel, und das Offensichtliche offenbart sich.

Dieser Teil des Buches ist möglicherweise nicht für jeden Leser interessant. Wenn er Dich heute nicht anspricht, wird er Dich vielleicht zu einem späteren Zeitpunkt rufen. Ich möchte Dich bitten, diese Kapitel mit einem offenen Herzen und einem entspannten Geist zu lesen. Nicht jeder Satz klingt logisch, und dennoch kannst Du Dich auf einer tieferen Ebene Deines Seins davon berühren lassen.

DU KANNST NICHT FINDEN, WAS DU SUCHST

Auch wenn ich kein Freund von dramatischen Weltszenarien à la »Die neue Zeit ist da!« bin, beobachte ich heutzutage dennoch ein spannendes Phänomen. Immer mehr »normale« Menschen werden in ihrem festen Realitätsgefüge erschüttert – manche sanft und leise, andere durch harte Schicksalsschläge. Bodenständige Menschen, die mitten im Leben stehen, stellen sich plötzlich Fragen, die ich als spirituell bezeichnen würde. »Wer bin ich? Wie real ist meine Realität? Was ist der Sinn meines Lebens? Worum geht es wirklich?« In meiner Unternehmensberatung begegne ich mittlerweile regelmäßig gestandenen Geschäftsleuten, die, weit entfernt vom esoterischen Spinnertum, neugierig nach einem Weg suchen, scheinbar so gegensätzliche Pole wie Liebe und Wirtschaftlichkeit, Ideale und Erfolg, Transzendenz und Weltlichkeit miteinander zu verbinden. Die Zeit scheint reif für eine moderne, natürliche, von religiösen Dogmen entstaubte Mystik, die auch vor Vorstandsetagen nicht Halt macht.

Ein moderner Mystiker ist ein Mensch, der sich den Fragen seiner Seele nüchtern, aufmerksam und mutig stellt. Er lässt die

vorgegebenen Wahrheiten hinter sich und ist entschlossen, das Mysterium des Lebens selbst zu ergründen. Auch die Wissenschaft hat längst begonnen, diese Phänomene zu erforschen. Renommierte Psychologen interviewen tausende von Menschen, die sich detailliert an vergangene Leben erinnern können. Und Neurowissenschaftler schieben meditierende Mönche in die Röhre, um herauszufinden, was im Gehirn passiert, während sie außergewöhnliche Bewusstseinszustände erleben.

Für den Einzelnen kann der Prozess dieses geistigen Erwachens mit sehr angenehmen Erfahrungen von Glückseligkeit und Frieden verbunden sein. Er kann aber durchaus auch Stress auslösen. Wenn Du einmal radikal erfahren hast, dass das Leben, so wie Du es kennst, nur eine kleine, von Deinem Verstand zurechtgebastelte Traumrealität, ein Schauspiel auf der Bühne, ist, erwacht die drängende Sehnsucht, herauszufinden, was wirklich ist und wer Du eigentlich bist. Doch das Gemeine ist, dass diese geistigen Ausbruchsphasen – nennen wir sie ruhig Erleuchtungsmomente – nicht willentlich von Dir herbeigeführt werden können. Je mehr Du Dich anstrengst, jener Traumrealität zu entkommen, desto wirklicher wird sie. In dieser Phase des So-Sehr-Erwachen-Wollens und doch Nicht-Könnens hilft nur eines: Entspanne Dich so gut es Dir möglich ist, und bleibe aufmerksam.

Dann kommt irgendwann wieder ein Moment, in dem Du so gelöst bist, dass Du vergisst, dass Du erwachen wolltest, und es passiert. Mitten im Stück bist Du plötzlich der Akteur, die Bühne und jenseits der Bühne. Du bist Alles und gleichzeitig Nichts.

Manchmal hält dieser erhellende Moment nur für Sekunden an. Egal. Genieße ihn. Wenn der Gedanke in Dir aufsteigt: »Jetzt habe ich es verstanden!«, hast Du es auch schon wieder verloren. Ha! Die Tür zur größeren Wirklichkeit schlägt zu, und Du findest Dich in Deinem Fleischklöpschen-Ich[36] wieder. Du rüttelst verzweifelt an der Klinke, doch Du bekommst die Tür von dieser Seite einfach nicht auf. Dumme Sache.

Bist Du dem hilflos ausgeliefert? Nein. Obwohl Dich keine willentliche Anstrengung wieder auf die andere Seite bringen kann, kannst Du durch geistige Praxis die Wahrscheinlichkeit erhöhen, dass die Momente des Erwachens häufiger und tiefer geschehen. In den folgenden Kapiteln möchte ich Dir einige alltagstaugliche Prinzipien und Tugenden vorstellen, die einen wachen, entspannten, absichtslosen Zustand fördern. Mögest Du oft, immer länger und vollständiger aus dem Traum der Begrenzung erwachen.

---

36 Ich bin überzeugt davon, dass ein Grund für den überwältigenden Erfolg des Filmes *Avatar* daran liegt, dass er in einer großartigen Metapher genau diese stille Ahnung in vielen von uns berührt.

DIE STILLE AUF DEM MARKTPLATZ FINDEN

Das menschliche Leben mit all seinen Dramen kann manchmal sehr ermüdend sein. Es gibt Tage ... Du weißt schon. Die Herausforderungen türmen sich, vielleicht geht auch noch etwas schief. Dein Verstand fängt an, wie wild in sich zu kreisen. Sorgen, Frust, Zweifel – Du bekommst keinen klaren, konstruktiven Gedanken mehr zu fassen. Dein Denken putscht Deine Gefühle auf, Deine Gefühle verwirren Dein Denken. Je mehr Du versuchst, Ruhe in Dein System zu bringen, umso schlimmer wird es. Und doch musst Du irgendwie weitermachen. Wünschst Du Dir an solch chaotischen Tagen nicht manchmal auf Los zurückzukehren und noch mal neu anfangen zu können?

Die Schöpfung wusste, dass dies passieren würde, deshalb hat sie tatsächlich eine Art Reset-Mechanismus[37] in uns installiert.

---

37 Reset ist normalerweise ein Vorgang, durch den ein elektronisches System in einen definierten Anfangszustand gebracht wird. Dies kann erforderlich sein, wenn das System nicht mehr ordnungsgemäß funktioniert und auf die üblichen Eingaben nicht reagiert.

Es gibt einen Bewusstseinsraum in uns, der komplett still ist. Wenn wir in ihn eintauchen, bleibt der weltliche Kram zurück. Der Körper entspannt sich, das Nervensystem beruhigt sich, die Gedankenwogen glätten sich und Du siehst wieder klar, um was es wirklich geht. Diese natürliche Expansion nach innen hat, im Gegensatz zu Drogen, keine schädlichen Nebenwirkungen.

Wie bekommst Du Zugang zu diesem Raum? Erst einmal musst Du es natürlich wollen. Solange Du noch geil auf Drama bist, wirst Du dramatisch nach Frieden suchen und ... ihn dramatisch nicht finden. Du wirst glauben, dass das Leben nicht nur komplex, sondern kompliziert ist. Du wirst Dir jeden Tag erneut beweisen, dass Du Dich anstrengen musst, dass es ohne Stress nicht geht und dass es unmöglich ist, zur Ruhe zu kommen. Was soll ich Dir sagen? Solange Du dieses Auf und Ab liebst, wirst Du recht behalten. Eine Weile verlierst Du Dich fasziniert in Deinen Gefühlen, doch irgendwann hast Du Deine Bühnenstücke oft genug durchgespielt. Du weißt, mit welchem Reiz Deine Wut, Deine Eifersucht, Deine Unsicherheit (und wie sie alle heißen) beginnen, wie sich der Höhepunkt anfühlt und wie es endet. Du fragst Dich mitten im Stück: »Muss ich das jetzt wirklich alles noch einmal erleben?« Wenn Dein selbstkreiertes Drama beginnt, sogar Dich selbst zu langweilen, bist Du bereit für das offene Geheimnis:

Stille ist immer präsent. Der Himmel kann bewölkt sein, und dennoch scheint dahinter die Sonne. Deine Gedanken folgen Schlag auf Schlag hintereinander, und doch gibt es zwischen dem letzten und dem neuen eine kurze Lücke, durch die Dich

die eigentliche Leere Deines Geistes anleuchtet. Dies ist kein Eso-Geschwafel, sondern eine pragmatische Annäherung an einen Bewusstseinszustand, in dem Dein Gedankenstrom für kurze Zeit stoppt. Du musst dafür an nichts glauben. Stille ist universell und nicht mit akustischer Ruhe zu verwechseln. Sie ist der Urton des Universums. Sie ist allgegenwärtig. Der Trick liegt darin, Dich nicht auf die Erscheinung der Dinge, sondern auf den stillen Hintergrund zu konzentrieren.

Wann warst Du das letzte Mal auf einem lauten, überfüllten Marktplatz? Wenn Du versuchst, dort allen Gesprächen und Geräuschen bewusst zuzuhören, bist Du nach ein paar Minuten sehr wahrscheinlich überreizt. Ich lade Dich zu einem Experiment ein: Wenn Du das nächste Mal an so einen lauten Ort kommst, entspanne Dich und lausche ganz offen. Fokussiere Dich nicht auf einzelne Geräusche, sondern nimm die Klänge als ein Meer der Töne wahr. Kannst Du die darunter verborgene Stille hören? Sie ist immer da. Wenn Du Dich auf sie einstellst, treten die Geräusche mehr und mehr in den Hintergrund. Du stehst noch immer auf einem lauten Platz, doch gleichzeitig bist Du mit etwas Tieferem, Unberührtem verbunden.

Dasselbe kannst Du mit Deinen Gedanken tun. Was uns am Ende eines Tages oft so erschöpft zurücklässt, ist selten unser körperliches Tun, sondern es ist meistens unser anstrengender Dauermindfuck. Hast Du Dir schon einmal beim Denken zugehört? Wir halten oft völlig verwirrende Monologe. Zweifel und Gegenzweifel spielen PingPong. Wir rasen mit unseren Sorgen in die Zukunft, versacken in Grübeleien über längst vergangene Situationen und diskutieren mit Menschen, die davon gar nichts wissen. Kein Wunder, dass wir abends so erledigt sind. Mindestens neunzig Prozent unserer Gedanken sind unnötig und helfen nicht bei der Bewältigung unserer Herausforderungen. Auch in diesem Zusammenhang möchte ich Dich daher zu einem Experiment verführen:

ÜBUNG: In die Lücke eintauchen

Wenn Du diese Übung öfter durchführst, findest Du immer selbstverständlicher und schneller den Zugang zur Stille. So kannst Du Dich – egal, wo Du bist – schnell regenerieren und neu ausrichten. Der Trick ist, zuzulassen, dass es tatsächlich so einfach ist.

Wenn Du das nächste Mal irgendwo eine Minute sitzt (zum Beispiel im Wartezimmer, im Bus oder bei der Arbeit), schließe Deine Augen und nimm das Chaos in Deinem Kopf bewusst wahr. Versuche dabei nicht, es zu beruhigen, denn das funktioniert genauso gut, wie wenn Du wild auf die Wellen einschlägst, um das Meer zu besänftigen. Lass Deine Gedanken ruhig ihre üblichen Purzelbäume schlagen und schräge Ideen produzieren.

Die Kunst besteht darin, Dich auf die Leere zu konzentrieren: Zwischen Deinen einzelnen Gedanken, egal, wie schnell sie aufsteigen, gibt es für den Bruchteil einer Sekunde ... nichts. Nimm diese Unterbrechung in Deinem Gedankenstrom wahr. Erlaube Deinem Bewusst-

sein, sich beim Ausatmen durch diesen winzigen Spalt hindurch in die weite Leere dahinter auszudehnen. Wenn Du möchtest, probiere es gleich einmal aus. Leg das Buch aus der Hand. Schließe Deine Augen. Lausche Deinem Geist. Dann finde die winzige Lücke zwischen dem letzten und dem nächsten Gedanken. Konzentriere Dich auf diese Leerräume. Lass Dich in das weite Nichts dahinter ziehen. Genieße diesen undefinierten und doch so wachen Moment. Jede Sekunde, die Du hier verbringst, wirkt wie ein Jungbrunnen auf Dein Nervensystem.

ÜBUNG: Mit den Dingen still werden

Hier ist noch eine weitere, einfache und wirksame Möglichkeit, schnell still zu werden: Konzentriere Dich mit all Deinen Sinnen auf ein ruhendes Objekt. Dinge in sich sind immer still. Nimm jetzt zum Beispiel eine Seite dieses Buches bewusst zwischen Deine Finger. Konzentriere Dich auf die Empfindung des Papiers auf Deiner Haut. Spürst Du das? Schau die Seite offen an und konzentriere Dich mehr auf den leeren Hintergrund als auf die sich davon abhebenden Worte. Es kann hilfreich sein, dafür kurz das Lesen zu stoppen. Kannst Du wahrnehmen, dass das Buch in sich still ist? Damit kannst Du Dich jederzeit verbinden.

Indem Du die Objekte in Deiner Umgebung achtsam und empfangend berührst, wirst Du selbst stiller. Einige Minuten in dieser inneren

Oase wirken wie ein Reset für Seele, Verstand und Körper. Das System wird einmal komplett auf null gefahren. Danach ist der Geist ruhiger und Du kannst klarer denken. Und vor allem spürst Du mehr Frieden.

Das kleine Schauspieler-Ich, das sich mit Aktivität und Konflikt identifiziert, fürchtet sich davor, vollkommen anzuhalten, so wie wir als kleine Kinder auf gar keinen Fall einschlafen wollten. Wer weiß, vielleicht wachen wir nicht wieder auf? Vielleicht werden wir so still, dass unsere Welt aufhört zu existieren. Deshalb vermeidet der Verstand Leerphasen, besonders dann, wenn wir es am dringendsten brauchten. Wir schalten das Radio oder den Fernseher ein. Wir quatschen lieber Blödsinn, anstatt einfach nur zu sein. Wir kreieren Dramen und lenken uns mit Arbeit ab. Es ist verständlich, dass der Verstand Angst vor dem Nichts hat. Lass ihn. Konzentriere Dich auf Deinen Körper. Der ist selbst während der stärksten, körperlichen Anstrengung gegenwärtig und still.

Finde einen für Dich stimmigen Zugang zu dieser kostenlosen und hochwirksamen Wellnessoase. Kultiviere Stille, indem Du sie täglich bewusst aufsuchst. Wir leben in sehr turbulenten Zeiten und man muss kein Prophet sein, um vorherzusagen, dass sich das Rad der Welt in den kommenden Jahren noch schneller drehen wird. Wer kein Zentrum in sich findet, den wird die Zentrifugalkraft dieser Bewegung zerreißen – körperlich oder seelisch.

Viele Menschen gehen heute ins Kloster, um sich mit der Stille zu verbinden. Eine solche Auszeit kann sehr hilfreich sein. Doch Du kannst das Kloster immer in Dir finden, egal, wo Du gerade bist. Je öfter Du es aufsuchst, desto leichter wird es Dir fallen. Dann braucht es in Deinem geschäftigen Alltag nur noch kleine Gesten der Erinnerung –

- zum Beispiel das bewusste Wahrnehmen Deines Körpers,
- ein tiefes, sanftes Ausatmen,
- das Streicheln über die Rinde eines in sich ruhenden Baumes,
- Deine Füße im Gras einer kühlen Morgenwiese
- oder den offenen Blick in die Augen eines geliebten Menschen.
- Stille ist allgegenwärtig.
- Stille ist der Urgrund der Schöpfung.
- Öffne Dich dafür, sie überall zu finden – bis Du ihren heilsamen Klang im Getümmels des lautesten Marktplatzes hören kannst.

DIE ERSTEN 15 MINUTEN SIND HEILIG

Wie verbringst Du die Zeit nach dem Aufstehen? Die ersten Minuten Deines Tages gleichen einer magischen Lücke in Deinem Raum- und Zeitkontinuum. Das kontrollierende Tagesbewusstsein hat noch nicht wieder alle Fäden in der Hand, so dass Dein Unterbewusstsein noch direkter mit Dir kommunizieren kann. Gleichzeitig liegt die nonverbale Erinnerung an das stille Nichts, in das Du in den Tiefschlafphasen eingetaucht bist, noch in der Luft.

Viele Menschen empfinden in dieser Zeit anders als während des restlichen Tages – oft zarter und verletzlicher. Eventuell auch traurig oder ängstlich, ohne zu wissen, warum. In diesen frühen Minuten besuchen uns häufig überraschende Einsichten, intuitive Ahnungen, aber auch Sorgen und Ängste. Wir werden von Anteilen unseres Wesens berührt, die wir gern aus dem Tagesgeschäft heraushalten. Die Pforte zu unserer Traumwelt ist noch offen. Ich rate Dir, Dir diese wertvollen Minuten frei zu halten, nichts zu tun und einfach nur zu lauschen. Sei es Dir wert, nach Deinem Aufwachen nicht sofort zur täglichen

Routine überzugehen. Sobald Du mit einem anderen Menschen sprichst, das Frühstück vorbereitest oder die Morgenzeitung liest, switcht Dein Bewusstsein auf einen oberflächlicheren Kanal. Feinere Ahnungen und Empfindungen ziehen sich in ihr Schneckenhaus zurück. Doch es lohnt sich, den Botschaften Deiner Seele Raum zu geben und sie nicht gleich mit dem Duschstrahl oder einem starken Kaffee wegzuspülen.

Wähle in Deiner Wohnung einen schönen Platz aus. Bereite Dir vielleicht noch Dein Lieblingsgetränk und mache es Dir bequem. Vielleicht willst Du die Augen offen halten, vielleicht willst Du sie schließen. Sei einfach mit Dir. Versuche nicht, einen bestimmten Zustand zu erreichen. Wenn Du entspannt bist, bist Du entspannt. Wenn Du unruhig bist, bist Du unruhig. Sei 15 Minuten einfach so, wie Du bist. Was für ein Luxus! Gönne Dir diesen intimen Moment nur mit Dir allein. Lass Deine Gedanken frei fließen, nimm Deine Emotionen wahr und lausche Deinen Eingebungen.

Was fühle ich?

Was denke ich?

Was wollen mir meine Gefühle sagen?

Was kann ich gerade in mir entdecken?

Die Welt erwartet Dich noch früh genug mit all Deinen Beziehungen, Verpflichtungen, Aufgaben und Problemen. Bist Du einmal in der Mühle drin, drehst Du Dich einmal um, und der Tag ist bereits vorüber. Betrachte die ersten 15 Minuten des Tages als ein Geschenk an Dich. Gestatte Deiner intuitiven Weisheit, Dir etwas Wesentliches über Dein Leben zu erzählen. Du wirst sehen, dass diese Zeit Deinen ganzen Tag wohltuend beeinflussen wird. Du bist den ganzen Tag über stärker mit Dir in Kontakt und erlebst alle Situationen achtsamer und intensiver. Du konzentrierst Dich von Beginn an mehr auf das Wesentliche. So sparst Du Zeit und Energie. Du wirst mehr Augenblicke während Deines Tages bewusst erfahren und genießen.

Sei es Dir wert.

Deine Seele wird es Dir danken.

DEINEN WEG FREUNDLICH GEHEN

Wusstest du, dass Gras nicht schneller wächst, wenn Du daran ziehst?

Blöde Frage, denkst Du jetzt vielleicht, schließlich würde niemand von uns auf die Idee kommen, am Gras zu ziehen. Unserem eigenen Wachstum hingegen begegnen wir oft extrem ungeduldig. Der irre Druck der kollektiven Leistungsmühle ist auf uns übergeschwappt. Nie reicht es, immer geht es noch besser. Es ist schick, mit sich selbst unzufrieden zu sein. Die Verbissenheit, mit der wir durch das Leben hetzen, ist bescheuert. Unsere Probleme lösen wir deshalb nicht flotter. Und wir entwickeln uns auch nicht schneller. Im Gegenteil. Der gesamte Fluss unseres Lebens kommt durch diese Verkrampfung zum Stocken. Unsere Kreativität blockiert. Wenn die natürliche Freude an den Dingen verloren geht, füllt eine mürrische Unlust das entstandene Vakuum auf. Wir handeln unser Leben dann lieblos ab.

Ein menschliches Leben lässt sich nicht mit einer mathematischen Gleichung berechnen. Manchmal legen wir über Nacht einen rasanten Entwicklungssprung hin; wir stehen auf und sehen die Welt aus einer wirklich neuen, flexibleren Perspektive und verstehen gar nicht mehr, worin gestern noch unser Problem oder Schmerz bestand. Solche Transformationsschübe wirken wie ein Wunder. Oft können wir uns überhaupt nicht erklären, wie es dazu gekommen ist. Dann mühen wir uns wieder redlich über Wochen, Monate, ja vielleicht Jahre ab; wir machen alles richtig; wir geben unser Bestes. Und dennoch scheinen wir nicht vorwärtszukommen – im Gegenteil.

Kennst Du solche Zeiten? Ätzend, stimmt's? Gefällt Dir nicht? Aber was soll ich Dir sagen, Deine Unzufriedenheit macht es nur noch schlimmer.[38] Perfektionisten haben es besonders schwer, wenn sie auf der Erde inkarnieren. Hier stinkt es manchmal. Es gibt Licht und Dunkel, Hässliches und Schönes. Es gibt Schlaglöcher, in die wir fallen können. Wir hinken, wir wanken, wir fehlen. Egal, wie sehr Du Dich anstrengst, am Ende eines Tages wirst Du oft mit dem Wissen ins Bett sinken, nur einen Bruchteil dessen geleistet zu haben, was Du Dir vorgenommen hattest. Wie kannst Du auf dieser ewigen Baustelle dennoch Spaß haben?

Entscheide Dich für etwas zutiefst Revolutionäres: Sei freundlich mit Dir.

---

38 Wenn Du das jetzt verstanden hast, nimm Dir bitte nicht vor, nie wieder unzufrieden zu sein. Denn dann wirst Du mit Dir unzufrieden sein, weil Du mit Dir unzufrieden bist, das heißt, Du hast einen Unzufriedenheits-Doppel-Whopper an der Backe.

Egal, ob es gerade bergauf oder bergab geht, ob Du schreitest oder kriechst, setze Deinen nächsten Schritt in sanfter Freundlichkeit. Dazu gehören zum einen eine wohlwollende Geisteshaltung Dir selbst gegenüber, die sich in positiven Gedanken äußert (»Ich liebe mich selbst. Ich bin okay, wie ich bin. Möge ich glücklich sein.«). Du kannst diese Freundlichkeit aber auch körperlich ausdrücken, indem Du Deinen Körper immer wieder ganz bewusst entspannst, den Atem sanfter fließen lässt und Deinen Blick aufrichtest. Vielleicht denkst Du: »Was nützt mir dieser freundliche Schritt? Ich habe noch so einen weiten Weg vor mir.« So habe ich auch gedacht und war immer der Erste auf dem Gipfel. Bis niemand mehr mit mir wandern wollte. Als ich mir 2011 die Wirbelsäule brach und danach wieder laufen lernte, realisierte ich: Jeder einzelne Schritt ist *ein* Leben. Mein Leben. Am Ende werde ich mich nicht fragen, wie viele Berggipfel ich erobert habe, sondern wie freundlich ich die Wege dahin gegangen bin. Ein Schritt ohne Freude ist ein verpasster Schritt.

Freundlich. Ein altmodisches und schlichtes Wort. Doch lass es Dir einmal auf der Zunge zergehen. *Freundlich.* Es fühlt sich gut an. Es bedeutet, Dir selbst ein wirklich guter Freund zu sein. Verständnisvoll und geduldig. Setze den zähen inneren Antreiber schachmatt, indem Du Dir selbst sanften Zuspruch gewährst:

»Ich bin vielleicht der größte Narr und der schlimmste Versager, der die Erde je betreten hat, doch ich kann diesen nächsten Schritt freundlich setzen. Selbst wenn die ganze Welt gleich untergeht, kann ich meinen nächsten Schritt freundlich setzen. Ich habe vielleicht keinen blassen Schimmer, wohin mich mein Weg führt und ob es überhaupt der richtige ist. Gerade deswegen werde ich meinen nächsten Schritt freundlich setzen.«

Dein innerer Antreiber wird sich wegen Deines wahnwitzigen Verhaltens die Haare raufen. Er wird alles tun, um Dich wieder unter sein Joch zu spannen. Er wird Dir zurufen: »Bist du verrückt? Wie kannst du jetzt gerade freundlich mit dir sein? Siehst du nicht, was alles noch nicht stimmt?« Dann lächelst Du ihn an und sagst: »Klar sehe ich das, Kumpel. Doch das Gras wächst nun mal nicht schneller, wenn ich daran ziehe. Deshalb gehe ich den nächsten Schritt freundlich und sanft.«

ÜBUNG: Ein sanfter Schauer Freundlichkeit

Warum verpasst Du Dir nicht hin und wieder im Laufe Deines Tages einen sanften, warmen Schauer Freundlichkeit?

Der Schlüssel dazu ist sanftes und bewusstes Atmen.

Atme tief ein. Spüre, wie Du nicht nur Luft, sondern auch Liebe für Dich selbst einatmest. Manche Menschen stellen sich dabei gern ein Licht in ihrer Lieblingsfarbe vor, das sie mit der Luft in sich einströmen lassen. Halte den Atem dann kurz (2–3 Sekunden), schließe, wenn Du willst, dabei die Augen und sieh in Deiner Fantasie, wie sich das Licht und die aufgenommene Liebe wohltuend in Deinem ganzen Körper verteilen. Dann atme tief aus und lass Deine Muskulatur, vor

allem Deine Schultern weich werden. Du kannst das Ganze intensivieren, indem Du beim nächsten Einatmen Deinen Kopf hebst und in den offenen Himmel schaust. **Atme Freundlichkeit, Liebe und Weite ein.** Lass beim nächsten Ausatmen alle Schwere, die Du fühlst, in den Boden sinken. Probiere aus, was geschieht, wenn Du jetzt auch noch Deinen Lippen gestattest, grundlos und zart zu lächeln. Jetzt. Ja, komm, schenke Dir ein grundloses Lächeln.

Bemerkst Du einen Unterschied? Was passiert dabei in Deinem Gesicht? Verändern sich Deine Gefühle und vielleicht auch Deine Gedanken?

Egal, wo Du gerade bist, gönne Dir einen kurzen Moment des Friedens. Alles, was Du wirklich besitzt, ist dieser magische Augenblick – jetzt. Du kannst ihn verbittert erfahren, indem Du mit Dir oder der Welt haderst. Oder Du verzauberst ihn, indem Du freundlich mit Dir bist.

DEINE WÜRDE
IST UNANTASTBAR

Artikel 1 des Grundgesetzes lautet: »Die Würde des Menschen ist unantastbar.« Das ist eine höchst interessante und weise Formulierung. Da steht nämlich nicht: »Die Würde des Menschen darf nicht angetastet werden«, oder »… muss unter allen Umständen geschützt werden.« Nein. Es heißt: »Die Würde *ist* unantastbar.« Es gibt die Würde unseres kleinen Bühnen-Ichd, und die muss verteidigt werden. Es gibt die Würde unseres tieferen Wesens, und die können wir nicht verteidigen, weil sie nicht angegriffen werden kann. Über unsere wahre Würde entscheiden nicht Erfolg oder Misserfolg. Sie ist nicht durch die Handlungen anderer Menschen verletzbar, auch wenn der Verstand uns dies manchmal glauben macht.

Würde wurzelt in Deinem stillen Wissen darüber, wer Du wirklich bist. Wir suchen oft im Außen nach Bestätigung. Im anerkennenden Blick eines anderen Menschen, in Beförderungen, in Gerichtsprozessen. Das kann auf der Bühne Deines Lebens alles gut und manchmal auch wichtig sein. Doch wie oft verleihen wir diesen äußeren Ereignissen viel zu viel Macht

über unsere innere Verfassung? Niemand und nichts kann deine Würde verletzen, wenn du es nicht erlaubst. Wir sind es, die ihnen erlauben, unsere Würde zu verletzen. Dein essenzielles Wesen wird von dem, was geschieht, nie berührt. Deine tiefste Essenz ist unverwundbar.

Würde ist.

Würde ist der Raum, in dem all Deine Erfahrungen von Kleinheit und Größe auftauchen und wieder gehen. Würde ist die Bühne, auf der sich das Drama Deiner Heldenreise abspielt. Dein kleines Ich kann fallen. Es kann fehlen. Es kann sich lächerlich machen und vor Scham brennen. Das nächste Mal, wenn Du einen peinlichen Moment erlebst, renne nicht gleich aus der Situation weg. Bleib für einen kurzen, mutigen Augenblick stehen und spüre Dich. Im Außen nackt, vielleicht verletzt, beleidigt, ausgelacht. Doch jetzt lausche nach innen, tief nach innen. Hier ist es still, unberührt, unschuldig. Ja, in diesem Leben können schlimme Dinge geschehen. Dein Körper kann benutzt, verletzt und missbraucht werden. Deine Gefühle können schmerzen und Dich in den Abgrund der Ohnmacht ziehen. Doch währenddessen wird der tiefe, klare Bergsee Deiner Seele davon nicht aufgewühlt. Hier ruht Deine Würde. Hier weißt Du, wer Du wirklich bist.

Wenn Du im Kino sitzt und der Hauptdarsteller von der Leinwand auf Dich herabsieht und schreit: »Du blöder Affe!«, verletzt Dich das in Deiner Würde? Nein, denn Du weißt ja, dass Du nicht wirklich gemeint bist. Du bist Dir bewusst, dass Du im Kino sitzt.

Du sitzt immer im Kino. Du kannst jeden Film persönlich neh-men, dann wird es anstrengend. Oder Du beginnst, Dich lang-sam locker zu machen. Nur Dein eigener Verstand kann Deine Würde verletzen, indem er *denkt*, die Handlung eines anderen Menschen könnte Dich in Deiner Würde verletzen. Diese Idee kann einen jahrzehntelangen Albtraum manifestieren – in dem Du verbittert versuchst, eine Würde zurückzugewinnen, die Dir nie genommen wurde. Diese Illusion kann aber auch in ei-ner Sekunde der Gnade durchschaut und losgelassen werden. Person kommt von dem griechischen Wort Persona = die Maske. Persönlichkeit ist nichts weiter als ein fragiles Konstrukt von Vorstellungen über Dich, untermauert durch Denk- und Ver-haltensmuster. Die Würde Deiner Person ist natürlich antast-bar, denn es ist im Endeffekt nur eine Idee. Sie muss sogar hin und wieder vom Leben erschüttert werden, damit Du erkennen kannst, wer Du wirklich bist.

Wer sich stark mit seinem Auto identifiziert, leidet, wenn es ei-nen Kratzer bekommt. Er fühlt sich dadurch persönlich ange-griffen. Dabei ist er nicht sein Auto. Genauso wenig bist Du Deine Persönlichkeit. Du bist weder Dein Name noch die Ge-schichte, die Du mit diesem Namen verknüpfst. Du bist etwas Tieferes, etwas Zeitloses. Wenn Du Deine persönliche Oberflä-che nicht verteidigst, während Du einen Treffer kassierst, son-dern nüchtern und still bleibst, wirst Du bemerken, dass die Gefühle von Scham, Entrüstung und Ohnmacht kommen und gehen. Schau zu, wie die Welle aus Pein, Empörung oder Wut Dich durchrollt, und erkenne, dass etwas Tieferes in Dir nicht

davon berührt wird. Etwas ist die ganze Zeit still. Hier ist Deine Würde zuhause.

Das heißt nicht, dass Du keine Grenzen setzen solltest. Doch ein »Stopp!«, aus hilfloser Verletztheit heraus wirkt lange nicht so stark wie das »Stopp.« eines Menschen, der weiß, wer er wirklich ist.

Dein Weg mag heute glorreich und morgen peinlich verlaufen. Der weite Raum, in dem Dein Weg liegt, ist gestern, heute und morgen derselbe. Würde ist die Erfahrung dieses Raumes. Würde ist die Erfahrung, dass Du just in diesem Augenblick genau so bist, wie das Leben Dich wollte. Vollkommen.

Würde ist die Erfahrung Deiner Vollkommenheit unter allen Umständen. Würde ist Deine stille, zutiefst berührte Unberührbarkeit. Würde ist Dein Zuhause. Würde ist ein innerer Thron, den Du nie verlassen hattest und um den Du deshalb nicht kämpfen musst. Willst Du wissen, wie Du ihn wieder bewusst einnehmen kannst?

Werde still. Ganz still.

Verschmelze mit der unbewegten Stille in Dir.

Hier ist Deine Würde unantastbar.

Hier bist DU.

Und DU bist frei.

VERGEBUNG IST EIN LEBENSSTIL

Gehst Du manchmal hart mit Dir ins Gericht? Haderst Du lange mit Dir, wenn Du einen Fehler begangen hast? Welche Vorkommnisse kannst Du Dir nicht verzeihen?

Bis auf pathologische Ausnahmen verfügen wir alle über ein Gewissen, eine besondere Stimme innerhalb unseres Bewusstseins. Sie weist uns darauf hin, wenn wir unsere moralischen Richtlinien übertreten. Wir fühlen uns gut, wenn wir nach unserem Gewissen handeln, und schlecht, wenn wir unsere Werte verraten. Dann *nagt* unser schlechtes Gewissen an uns. Es quält uns mit *Gewissensbissen*. Schuldgefühle können uns über Jahre wie ein Stein auf dem Herzen liegen und unsere Freude trüben. Da keiner von uns auf einer persönlichen Ebene vollkommen ist, verursachen wir immer wieder Leid für uns und andere Menschen – selten mit Absicht, meistens aus Unwissenheit.

Als Mensch geboren zu werden, bringt es mit sich, für kleine und große Sünden anfällig zu sein. Was bedeutet Sünde für Dich? Rebellierst Du gegen dieses Wort? Macht es Dir Angst? Drückt es Dich runter? Viele reagieren verständlicherweise all-

ergisch darauf. Im religiösen Kontext ist das Konzept der Sünde sehr stark moralisiert und zur Manipulation missbraucht worden, doch der eigentliche Ursprung des Wortes ist ein anderer. So steht das griechische Wort für Sünde (*hamartia*) für den Abstand, mit dem ein Pfeil sein Ziel verfehlt. Mit dieser Deutung kann ich viel anfangen. Denn natürlich verfehlen wir immer mal wieder unser Ziel. Wir irren uns. Wir treffen Fehlentscheidungen. Aus Angst halten wir uns an der falschen Stelle zurück, und aus Gier gehen wir woanders zu weit. Wir verletzen einander mit Worten, Gesten und Waffen.

Die Frage ist nicht, *ob* Du Fehler begehst, sondern w*ie* Du mit ihnen umgehst. Wenn Du im Nachhinein noch lange mit Dir haderst, erschaffst Du das Versagen in Deinem Geist immer wieder neu. Davon hat niemand etwas. Schuldgefühle verändern nichts. Sie ketten Dich an die Vergangenheit und beschweren Dein Gemüt. Es hat aber auch keinen Sinn, Irrtümer zu ignorieren oder schön zu färben. Vergebung bedeutet nicht, Dir selbst blind Absolution zu erteilen, frei nach dem Motto: »Es war schon okay, so wie es war.« Wenn Du Mist gebaut hast, hast Du Mist gebaut. Da beißt die Maus keinen Faden ab. Erkenne Deinen Fehler an. Fühle Deine Betroffenheit. Korrigiere Deinen Kurs so nüchtern und effektiv wie möglich. Verzeihe Dir. Steh auf. Geh weiter.

Da Du immer wieder danebentreffen wirst, kann Vergebung keine einmalige Angelegenheit sein. Etabliere Vergebung als Lebensstil, wenn Du glücklich sein möchtest. Mein Lehrer Frank Natale pflegte zu sagen: »Veit, stell dir vor, du bist ein

Hund. Jedes Ereignis in deinem Leben, das du dir oder einem anderen Menschen nicht vergeben kannst, ist wie eine Blechbüchse, die dir jemand an deinen Schwanz bindet.« Ein Mensch, der sich und anderen oft grollt, zieht sehr, sehr viele Blechbüchsen hinter sich her. Er lernt nichts dazu, aber er empfindet sein Leben als zunehmend schwer. Wenn wir nicht in der Lage sind, uns und anderen schnell zu verzeihen, werden wir für alle zur Belastung. Wir strahlen eine dunkle Wolke aus Bitterkeit aus. Die Kunst des Verzeihens ist von zentraler Bedeutung für Deine Lebendigkeit und den Freudefaktor in Deinen Beziehungen.

Gibt es unvollendete (nicht vergebene) Kreisläufe in Deiner Vergangenheit?

Verzeihen ist ein mehrstufiger Prozess. Die folgende Beschreibung hilft Dir, herauszufinden, an welcher Station Du festhängst, und Deine Energie wieder zu lösen.

1. **Anerkennung**. Erkenne vollständig an, dass Du Dein Ziel verfehlt hast. Solange Du noch versuchst, zu rechtfertigen, was Du getan hast, geht es nicht weiter.

2. **Fühlen**. Spüre alles, was es zu dieser Begebenheit zu fühlen gibt: Wut, Schmerz, Angst, Ohnmacht etc. Nimm Dir Zeit dafür. Fühle es nüchtern. Mach kein Drama draus.

3. **Korrektur**. Betrachte die Situation konstruktiv-kritisch. Was kannst Du korrigieren, damit Du es bei der nächsten Gelegenheit besser hinbekommst? Überprüfe, ob es Möglichkeiten gibt, den eventuell entstandenen Schaden wiedergutzumachen, ohne damit neuen Schaden anzurichten.

4. Öffne Dich für ein tieferes Verständnis der Vorgänge. Begreife, dass jeder Mensch – auch Du – in jedem Augenblick sein Bestes gibt. Wenn damals mehr möglich gewesen wäre, hättest Du anders gehandelt. Die Basis unserer Weigerung zu vergeben ist versteckte Arroganz. Ein Mensch, der sich selbst und anderen nicht verzeihen kann, glaubt genau zu wissen, was eigentlich hätte geschehen sollen. Er denkt: »Ja, das ist *so* passiert. Aber ich weiß, dass es *anders* richtiger gewesen wäre.« Er stellt sein Urteil über die komplexe Intelligenz des Lebens. Das ist gelinde gesagt lächerlich. Ich verstehe diese Haltung. Besonders, wenn in Deinem Leben wirklich schreckliche Dinge geschehen sind, liegt sie sehr nah. Und natürlich ist es Dein Recht, an diesem Glauben und Deinem Groll festzuhalten, doch dann friert ein Teil Deiner Lebenskraft an dieser Stelle ein. Bis Du bereit bist, Dich für den Gedanken zu öffnen, dass das Leben im Endeffekt immer recht hat[39].

39 Das bedeutet nicht automatisch den Umkehrschluss, dass es egal ist, was jeder von uns tut. Es ist ein Paradox. Auf der einen Seite hilft Dir diese radikale, absolute Sichtweise, Dein schmerzhaftes Rechthabenwollen gegenüber dem Leben zu entspannen und in Frieden mit dem zu kommen, was ist. Gleichzeitig ist der Mensch als sinnsuchendes Wesen herausgefordert, in jedem Augenblick seines Lebens sein Bestes zu geben und die Welt durch seine Handlungen etwas schöner und liebevoller zu hinterlassen. Der Verstand wird diesen Spagat zwischen absoluter Wahllosigkeit und individueller Entscheidungsfreiheit vielleicht nie ganz begreifen. Doch unser Herz kann sich dieser existenziellen Spannung hingeben und darin Frieden finden.

Die Wahrheit ist nun mal: Menschen sind oft nicht so, wie Du sie haben willst. Du bist oft nicht so, wie Du Dich haben möchtest. Gewöhn Dich dran. Wenn Du auf Deine Fehler mit Groll und Schuld reagierst, veränderst Du nichts. Du bestrafst Dich doppelt und lernst nichts dazu. Einer der schnellsten Wege, Dein Herz zu erleichtern und in die Gegenwart zu kommen, besteht darin, anderen ihre Handlungen zu verzeihen und auch Dir selbst Deine Fehler schnell zu vergeben. Wenn Du gern leidest, dann leg Dich weiter mit dem Leben an. Du kannst solange grollen, wie Du willst, doch irgendwann solltest Du Dich fragen: **Willst Du recht behalten oder glücklich sein?**

ÜBUNG: Dich durch Fragen der Selbst-Vergebung öffnen

Wie schon gesagt, kannst Du den Zustand der Vergebung nicht erzwingen, doch Du kannst Dir den Zugang dazu erleichtern, indem Du Dir die folgenden Fragen stellst und in Ruhe wirken lässt. Lass Dich überraschen, welche Antworten aufsteigen. Es ist hilfreich, sie aufzuschreiben, selbst wenn Du sie vielleicht nicht sofort verstehst.

Gibt es etwas, wofür Du Dich selbst verurteilst?

Kannst Du rückwirkend sehen, dass Du damals Dein absolut Bestes gegeben hast? Mehr war einfach nicht drin/Du wusstest es nicht besser.

Hält etwas in Dir an dem Gedanken an Schuld fest? Warum?

Gibt es vor dem echten Verzeihen noch etwas, was von Dir gefühlt werden muss?

Wo kannst Du diese Gefühle in Deinem Körper spüren?

Kannst Du akzeptieren, dass sie da sind?

Was geschieht, wenn Du sanft in diese Gefühle (da, wo Du sie im Körper am besten spüren kannst) hineinatmest? Verändern sie sich?

Gibt es vor dem echten Verzeihen noch etwas, was verstanden werden muss?

Gibt es vor dem echten Verzeihen noch etwas, was kommuniziert werden muss? Dir selbst oder einem anderen Menschen gegenüber? Wenn ja, was?

Gibt es vor dem echten Verzeihen noch etwas, was getan werden muss? Wenn ja, was?

Wann wirst Du es tun?

DANKBARKEIT IST SCHÖPFUNG

»Man sagt immer schön Bitte und Danke!«
Wer kennt sie nicht, die nervenden Erziehungssprüche unserer Kindheit. Bei manchem von uns haben sie eine Antihaltung gegenüber Dankbarkeit ausgelöst. Das ist schade. Dankbarkeit ist nämlich nicht nur eine höfliche Geste, sie ist die intelligenteste Perspektive, die Du in Bezug auf das Leben einnehmen kannst.

Die Manifestationen Deines Lebens folgen einem universellen Gesetz: **Das, was Du mit Deiner Aufmerksamkeit beschenkst, wird mehr.**

Dankbarkeit bedeutet, Deine anerkennende Aufmerksamkeit auf einen bestimmten Aspekt der Realität zu lenken und somit seine Präsenz wohlwollend zu bestätigen. Da Dein Bewusstsein schöpferisch wirkt, erschaffst Du mit Deiner Aufmerksamkeit automatisch mehr von dem, worauf Du sie richtest. Klingt Dir das zu esoterisch? Keine Bange, ich kann es Dir auch wissenschaftlicher erklären. Die Entwicklungspsychologie hat folgendes Phänomen entdeckt und durch zahlreiche Untersuchungen bestätigt: Wenn wir die bestimmte Charaktereigenschaft eines Menschen – positiv oder negativ – kontinuierlich mit besonde-

rer Aufmerksamkeit belohnen, wird der Mensch diese Qualität verstärken. Das gilt auch für Objekte. Wir kaufen zum Beispiel oft Dinge und erfreuen uns kurz daran, doch dann verschwinden sie vom Horizont unserer Aufmerksamkeit.

Die meisten Menschen wissen gar nicht, wie reich sie auf einer materiellen Ebene sind. Indem wir das, was wir bereits haben, regelmäßig dankbar anerkennen, rücken wir es wieder in unseren Fokus. Wir sehen es unter einem Vergrößerungsglas, beschäftigen uns intensiver damit, spüren diese Sache deutlicher und erleben mehr Freude. Es ist klug, immer wieder das ins Bewusstsein zu holen, was Du hast, indem Du es anschaust, es benennst, es spürst. Ein Dach über dem Kopf, ein warmes Bett, ein bequemer Stuhl, Dein Lieblingskleid ... nichts davon ist selbstverständlich. Wenn Du Dich heute arm fühlst, mit wem vergleichst Du Dich dann?

Wer seinen bereits existierenden Reichtum oft dankbar anerkennt, generiert positive Emotionen, und fühlt sich reicher. Wer sich reich fühlt, erschafft weiteren Reichtum (wenn überhaupt noch erwünscht) aus einer natürlichen Gelassenheit heraus. Wer sich arm wähnt, rennt dem Reichtum ständig gierig hinterher und selbst, wenn er etwas bekommt, kann er es nicht genießen.

Dies gilt für materiellen Reichtum genauso wie für den Überfluss in Deinen Beziehungen.[40] Kein freundliches Wort ist

---

40 Ach, übrigens, wer sind die fünf wichtigsten Menschen in Deinem Leben? Wissen sie das?

selbstverständlich. Da unsere Kapazität, Reize aus unserer Umgebung aufzunehmen und zu verarbeiten, sehr begrenzt ist, arbeitet unsere Wahrnehmung stark selektiv. Der Lichtkegel unserer Aufmerksamkeit ist immer nur auf einen sehr kleinen Ausschnitt der Wirklichkeit gerichtet. Das Meiste bleibt im Dunkeln; es existiert für uns quasi gar nicht. Es gibt zwei Kräfte, mit denen wir die Richtung unseres Scheinwerfers einstellen: Meckern und Dankbarkeit.

Jeder kann sich leicht ausmalen, dass das Leben eines Menschen, der vorrangig über Verluste und verschlossene Türen nachdenkt, anders verläuft, als bei jemandem, der sich auf Chancen und Geschenke konzentriert.

Ich bin in einer Kleinstadt aufgewachsen, in der es eine Straßenbahn gab. Wenn ich mit meinem Fahrrad unterwegs war, fürchtete ich mich besonders davor, mit dem Vorderrad in die Schienen zu geraten. Ängstlich starrte ich sie an. In meinem Geist wurden sie größer und tiefer. Dreimal darfst Du raten, was geschah? Selbst wenn sich die Schienen auf der anderen Straßenseite befanden, schaffte ich es irgendwie, hineinzurutschen und mich auf die Fresse zu legen.

Genauso kannst du Dich mental auf Mangel und Makel einschießen und Du wirst dadurch noch mehr Mangel und Makel erzeugen. Wie oft gehst Du am Abend ins Bett und widmest Deine allerletzten Gedanken der einen Sache, die nicht zu Deiner Zufriedenheit lief, anstatt den 999 kleinen und großen Aufgaben, die Du wie selbstverständlich gemeistert hast? Dankbarkeit ist Schöpfung. Indem Du etwas wertschätzt, wird es

mehr. Wir haben oft ein Kurzzeitgedächtnis, wenn es um die guten Dinge des Lebens geht. Und leider das Gedächtnis eines Elefanten, was die negativen Aspekte betrifft …

Die Aufmerksamkeit eines anderen Menschen, körperliche Gesundheit, ein Dach über dem Kopf, das perfekte Gasgemisch, um atmen zu können, die Sonne, die unseren Planeten wärmt, oder das Wunder, am Leben zu sein – all diese Dinge nehmen wir oft als selbstverständlich hin. Dabei sind es unendlich kostbare Geschenke, die wir uns durch nichts verdienen können. Dankbarkeit verschiebt Deine Perspektive auf eine intelligente Weise, stellt Deinen Reichtum ins Licht und kreiert mehr Fülle. Ein dankbarer Mensch geht als König durch sein Leben. Er liebt sich selbst ganz natürlich, denn er erfährt sich als eine bis oben hin angefüllte Schatztruhe des Lebens. Er kann sich viel leichter seine Fehler verzeihen und Niederlagen loslassen, denn er weiß, was er immer noch alles besitzt. Ein Mensch, der sich innerlich und äußerlich so begütert fühlt, ist weniger anfällig für Gier und Neid. Er agiert weiterzig, und das Leben antwortet ihm genauso großzügig.

Kann man Dankbarkeit trainieren? Ja. Doch es muss freiwillig, freudig und kontinuierlich geschehen. Mal eine Woche künstlich dankbar zu sein und dann die Hände wieder fordernd auszustrecken, funktioniert nicht. Aber es ist wirklich einfach, wenn Du es zur Gewohnheit werden lässt.

ÜBUNG: Dankbarkeit kultivieren

Diese Übung kann in ihrer Einfachheit leicht unterschätzt werden. Ich garantiere Dir, dass sie Dein Leben nachhaltig positiv verwandeln wird, wenn Du sie drei Monate lang durchführst. Danach willst Du eh nicht mehr damit aufhören.

Nutze die letzten fünf Minuten vor dem Zubettgehen, um fünf Geschenke zu benennen, für die Du dem heutigen Tag dankbar bist. Das können Ereignisse, Menschen, Erkenntnisse oder materielle Geschenke sein. Noch stärker wirkt diese Übung, wenn Du Deine Einsichten jeden Abend in ein Tagebuch notierst.

Indem Du diese fünf Gaben bewusst anerkennst, erzeugst Du positive Emotionen und schläfst als reicher Mensch ein. Du nimmst den Geschmack des Überflusses mit in Dein Traumbewusstsein, und die Wahrscheinlichkeit ist groß, dass Du Dich immer noch beschenkt und reich fühlst, wenn Du am Morgen erwachst. Du trainierst durch diese kleine Übung Dankbarkeit als eine stetige Geisteshaltung. Das lässt Dich zufriedener, gelassener und chancenbewusster durchs Leben gehen.

ERKENNE DEN TRICK

Viele Menschen glauben, sie können sich erst richtig lieben, wenn sie auch das letzte Problem an sich gelöst haben. Zum Beispiel, wenn sie nicht mehr an den Fingernägeln kauen, der Busen endlich Körbchengröße X angenommen hat oder sie Erleuchtung erlangt haben. Wenn Du Dich einmal auf diesen Problemlösungszwang einlässt, geht es Dir schnell wie dem Halbgott Herakles. Als er Hydra, das schlangenköpfige Ungeheuer, töten wollte, wuchsen ihr für jeden abgeschlagenen Kopf zwei neue nach.

An Dir zu arbeiten und Dich selbst zu verbessern ist ein spannendes Hobby. Doch bitte geh es schlau und lässig an, sonst wird es eine unendliche, in sich verkrampfte Geschichte, und niemand, inklusive Dir selbst, hat dann noch Lust, Zeit mit Dir zu verbringen.

Weißt du, wie Herakles die Hydra letztendlich besiegte? Er brannte die enthaupteten Hälse aus, so dass kein neuer Kopf nachwachsen konnte, und schlug zum Schluss auch das eine, unsterbliche Haupt ab. Dieses begrub er und wälzte einen schweren Fels darüber.

Es ist möglich, auch bei Deinen ständig nachwachsenden Problemen das eine, unsterbliche Haupt abzuschlagen. Möchtest Du wissen, wie das geht? Dazu müssen wir über den Trick sprechen. Er ist nicht gerade originell und Du wendest ihn seit vielen Jahren an. Wenn Du damit aufhörst, sind alle Probleme verschwunden[41].

Schau Dir noch einmal alle Kriegsschauplätze an, auf denen Du Dir mit Dir selbst Schlachten lieferst. Wo und wie kämpfst Du gegen Dich? Vielleicht konzentrieren sich Deine Konflikte nur auf ein Gebiet, zum Beispiel Deinen Körper, vielleicht befehdest Du Dich an vielen Fronten. Der Trick, den Du dabei anwendest, ist immer derselbe.

Hast Du Dich je gefragt, wie Selbstablehnung überhaupt entstehen kann? Es gibt darüber viele Theorien, und vielleicht hast Du selbst schon rege Ursachenforschung betrieben. Wenn wir leiden, verbeißt sich der Geist schnell in der Frage: »Warum????
Warum ist das so?« Wir wollen verstehen, warum wir unglücklich sind. Dahinter verbirgt sich die Hoffnung: »Wenn ich die wirkliche Ursache entdecke, dann kann ich das Problem lösen.«
Klingt logisch, oder?

Vor 25 Jahren begab ich mich als junger und professioneller Neurotiker auch auf meine Suche nach dem Warum. Ich hatte einige heftige Probleme an der Backe – innen und außen. Also begann ich, nach der Ursache zu fahnden.

In der Therapie erkannte ich als Ursache meiner Probleme, dass meine Eltern mich nicht genug gehalten, gestillt und nicht

---

41 Ich wage eine Prognose. Am Ende dieses Kapitels wirst Du Dich entweder sehr befreit fühlen oder ziemlich irritiert sein.

richtig verstanden hatten. Nachdem ich meine Kindheit therapeutisch-analytisch ausgequetscht und viele zornige, traurige, epische, vergebende Briefe an meine armen Eltern geschrieben hatte, musste ich feststellen: Das Problem war immer noch da. Leben tat immer noch weh. Ich begann zu ahnen: »Das kann es nicht gewesen sein. Die Wurzel meiner Probleme muss in meinen Vorleben liegen.« Also hieß es, mit Hilfe von Trancereisen, bewusstseinserweiternden Substanzen und Schamanen auf dem Zeitstrahl der Ursachenforschung weiter zurückzureisen.

Da ich es wirklich wissen wollte, habe ich alle nur denkbaren Wege ausprobiert. Zum Beispiel die Reinkarnationstherapie. Dieses Unterfangen ist heikel. Du kannst Glück haben und warst einer der schätzungsweise fünf Millionen Pharaonen, die es gegeben haben muss[42]. Du kannst aber auch Pech haben und es geht Dir wie mir. Ich war in meinem letzten Leben eine Waise und endete als alkoholsüchtiger Bergarbeiter sturzbesoffen bei einem Grubenunglück. Nach dieser Reise in meine Vergangenheit konnte mich noch weniger leiden und mein Bedarf an Reinkarnationstherapie war gedeckt.

Ich fand noch ein paar weitere mögliche Ursachen für meine Probleme: Astrologie (Pluto und Mars sind schuld); Adam und Eva (wenn die sich damals im Paradies zusammengerissen hätten, müssten wir es jetzt nicht ausbaden); mein Ego (das ist einfach immer schuld) oder, wenn alles versagt, die anderen. Du kennst doch »die anderen«? Das sind immer die, die in Deinem

---

42 Alle meine Freunde waren Pharaonen!

Leben die Macht darüber haben, ob Du glücklich bist. Das sind die, mit denen Du Dich in Gedanken mehr beschäftigst als mit Dir selbst: Dein Beziehungspartner, Freunde, Kinder, Politiker ... Jeder eignet sich dazu. Solange sich die Ursache für Dein Problem im Garten eines anderen Menschen befindet, musst Du nichts ändern, sehr praktisch.

Wenn bis jetzt noch nichts dabei war, was Dir zusagt, ergänze die Liste mit weiteren guten Gründen.

Damit ich nicht missverstanden werde: Ich mache mich nicht über ernsthafte Therapieansätze lustig. Alles, was einem Menschen hilft, sich mehr anzunehmen und besser mit seinem Leben zurechtzukommen, ist wertvoll. Ich erlaube mir lediglich, mit einem Augenzwinkern die merkwürdigen Auswüchse und Klischees zu hinterfragen, die die zwanghafte Beschäftigung mit dem Warum in unserer Wohlstandskultur angenommen hat. Vor allem aber möchte ich Dir eine Frage stellen:

Hat Dich die exzessive Suche nach der Ursache Deines Problems letztendlich davon befreit und Dich wirklich zu einem glücklicheren Menschen gemacht?

Wenn Du bei sorgfältiger Untersuchung zu der Feststellung gelangst, dass Du das Problem immer noch hast, obwohl Du so viel über Gründe weißt, sei nicht traurig. Es gibt Hoffnung. Du musst nur DEN Trick durchschauen. Die Zeit dafür ist reif, wenn Dich Dein Problem zu langweilen beginnt[43] das heißt,

---

43 Schlaue Menschen könnten sich jetzt fragen: »Ist es denn überhaupt noch ein Problem, wenn es mich doch schon langweilt?« Doch, das geht. Wenn

wenn es seine Anziehungskraft verliert und Dein Bewusstsein sich für neue Optionen, die Welt zu sehen, öffnet. Solange es immer noch eine heimliche, leicht perverse Erregung in Dir hervorruft (die Du nur Dir selbst einzugestehen brauchst) und die Vorstellung, ohne Dein Problem zu sein, Panik in Dir auslöst, bist Du noch nicht bereit dafür, es loszulassen.

Hast Du die Nase gestrichen voll? Gut, dann lehn Dich zurück, entspanne Dich, damit Du es kriegst! Hier kommt DER Trick: All Dein Suchen nach den Ursachen und Lösungen für Dein Problem stellt eine Grundannahme nie infrage: nämlich, ob es überhaupt ein Problem gibt.

Ich wiederhole es noch einmal als Frage: Woher weißt Du eigentlich so sicher, dass Du ein Problem hast?

Nehmen wir an, Du denkst gerade: »Aber Veit, das ist jetzt wirklich lächerlich. Ich sehe und spüre doch tagtäglich, dass etwas mit mir nicht stimmt. Ich bin eindeutig zu[44] dick, zu unsicher, zu dumm, zu (setze hier Dein Problem mit Dir ein)...« Dann frage ich hartnäckig zurück: Woher weißt Du das so sicher? Woher weißt Du so genau, dass Du *zu* dick, *zu* unsicher, *zu* dumm, *zu* (Dein Problem mit dir) bist?

---

es uns an spannenderen Herausforderungen mangelt, hält unser schöpferisches Bewusstsein an der zwar trostlosen, aber bekannten Alternative fest. Es benutzt Probleme, um sich in Zeiten des Nicht-Ausgelastet-Seins zu beschäftigen.

44 Ein Problem braucht immer ein »zu«, denn Du musst Deinen Zustand mit einem Idealbild in Vergleich setzen, um ihn negativ bewerten zu können.

Bitte bleibe nicht bei pauschalen Antworten stehen wie »Das weiß ich halt« oder »Das fühle ich nun mal.« Wenn Du DEN Trick durchschauen willst, musst Du bis zum Ende denken. Woher weißt Du, dass Du *zu* dick, *zu* unsicher, *zu* dumm, *zu* (Dein Problem mit Dir) bist?

Warum fühlst Du, dass Du *zu* dick, *zu* unsicher, *zu* dumm, *zu* (Dein Problem mit Dir) bist?

Die Antwort liegt auf der Hand: Weil Du entschieden hast, genau so darüber zu denken. Deine Gedanken erschaffen das Problem. Wenn niemand da ist, der die Phänomene in Deinem Leben ein Problem nennt, existiert dann Dein Problem noch?

Die Kilozahl Deines Körpers ist nicht objektiv ein Problem, sonst müssten alle Menschen auf der Welt, die genauso viel wiegen wie Du, genau denselben Stress damit erleben. Wenn Du mir nicht glaubst, flieg in die Karibik oder in bestimmte Regionen in Afrika. Dort wirst Du Frauen sehen, die ihre üppigen Formen in Anmut, Erotik und Würde zur Schau stellen. Kolossale Sumoringer werden in Japan wie Götter verehrt.

Deine feuchten Hände, der erhöhte Pulsschlag und Deine weichen Knie, kurz vor einem wichtigen Auftritt, sind kein Problem – es sind spannende, aufregende physiologische Phänomene, aus denen Du ein witziges, berührendes Einstiegsthema für Deine Rede basteln kannst. Das Problem existiert nur in Deinem Kopf, der diesem Phänomen das Etikett »zu unsicher« überstülpt.

Der folgende Gedanke mag erst einmal schwer zu akzeptieren sein, doch er hat die Schlagkraft, Dich aus altem Leiden zu befreien:

Was Dir an schrecklichen Dingen in Deinem Leben widerfahren ist, ist *nicht* Dein Problem. Dein Problem ist Deine Bewertung dieser Erfahrungen und die Schlussfolgerungen, die Du daraus gezogen hast. Irgendwo auf diesem Planeten gibt es Menschen, die noch schlimmere Dinge erlebt haben als Du und die sie als Ausgangspunkt für ein starkes, aufrechtes, erfülltes Leben gewählt haben.

Vielleicht hast Du gerade ein Problem mit dem, was Du hier liest. Wenn dem so ist, mach Dir bitte bewusst, dass die Worte auf dem Papier nur kleine Pixel schwarzer Druckerschwärze sind. Wenn sie für Dich ein Problem darstellen, dann nur, weil Du in Deinem Kopf ein Problem daraus machst. Andere Leser erfahren mit genau derselben Menge an Farbpigmenten gerade ein radikales Erwachen aus dem Traum ihrer Probleme.

ÜBUNG: Bei Deinem Problem die Luft rauslassen

Diese Übung wirkt stärker, wenn Du Deine Gedanken dabei notierst. Was ist Dein aktuellstes Problem mit Dir? Wovon bist Du, Deiner Meinung nach, zu viel oder zu wenig? Schreib Dein Problem auf.
Ich bin zu ... (dick, unsicher, arm, neidisch etc.).
Oder: Ich bin nicht ... genug (schlank, sicher, reich, großzügig etc.).
Spüre noch einmal, wie viel Nerven, Zeit und Energie Dich dieses Problem schon gekostet hat. Zieh es Dir noch einmal so richtig rein. Schließ Deine Augen. Erinnere Dich an alle vergangenen Situationen, die Du Dir mit diesem Problem versaut hast. Lass den Ärger dieses

Problems noch einmal wie ein tonnenschweres Gewicht auf Deinen Schultern und Deinem Herzen lasten.

Jetzt entspanne Dich und öffne Dich für eine verrückende Frage: Was wäre, wenn Du nicht mehr in der Lage wärest, dieses Phänomen negativ zu bewerten? Stell Dir vor (ich weiß, das klingt verrückt), Du könntest nicht mehr in Problemkategorien denken. Stell Dir vor, Worte wie falsch und richtig, zu klein und zu groß gäbe es ab heute nicht mehr in Deinem Verstand.

Lass jetzt für einen Moment jeglichen Vergleich los. Komm in Dir an. Ruhe in Dir und denke (laut oder leise): »Ich bin jetzt einfach so, wie ich bin.«

Was macht dieser Gedanke mit Dir? Entspannt er Dich? Schenkt er Dir Frieden?

Es geht bei dieser Übung nicht darum, nichts mehr zu verändern. Sie hilft Dir lediglich, die Abwehrspannung aufzulösen, die automatisch entsteht, wenn wir den gegenwärtigen Zustand als Problem betrachten. **Wenn keiner mehr da ist, der es ein Problem nennt, wird das, was ist, zu einem Phänomen.** Probleme werden bekämpft. Phänomene kannst Du entspannt erforschen, denn Du setzt Dich nicht unter den Druck, sie sofort ändern zu müssen.

Wir leiden nicht an den Phänomenen in unserem Leben, sondern an der Bedeutung, die wir ihnen geben. Wut, Trauer, Angst, Unwissenheit, Fehler, Schulden – das sind alles spannende Phänomene, an denen Du unglaublich viel über Dich erfahren kannst, wenn Du sie nicht mehr als Probleme bezeichnest.

Unser Kater Rumi ist von Geburt an blind. Er ist einer meiner wichtigsten Lehrer in der Tugend der Achtsamkeit. Auf Grund seiner »Behinderung« muss er mit seinem ganzen Körper sehen. So weit ich das einschätzen kann, meistert er das seit zehn Jahren hervorragend. Ich habe mich schon so manches Mal gefragt, was wäre, wenn Rumi denken könnte und außerdem wüsste, dass die anderen Katzen in unserer Gegend sehen können. Dann würde Rumi womöglich beginnen, sich zu vergleichen, und plötzlich würde in ihm der Gedanke aufsteigen, dass mit ihm etwas nicht stimmt und dass er benachteiligt ist. Vielleicht würde ihn diese Idee ganz traurig machen. Er würde glauben, ihm fehle auf Grund seines Problems etwas ganz Entscheidendes. Er würde mit Gott hadern und sich minderwertig fühlen. Eventuell würde er zur Reinkarnationstherapie für Katzen gehen, um herauszufinden, womit er diese Strafe verdient hat. Doch Rumi kann nicht wie ein Mensch denken und er weiß nicht, was Blindsein bedeutet. Er ist einfach nur ein zufriedener Kater, der die Welt auf seine einzigartige Weise sieht.

Vielleicht sagst Du jetzt: »Ja, aber ich bin kein Kater und kann nicht problemfrei denken.«[45] Stimmt. Du verfügst über die schwindelerregende Macht, ein faszinierendes Phänomen im Bruchteil einer Sekunde in ein ödes Problem zu verwandeln. *Wir alle* können problemfrei denken. Wir tun dies zum Beispiel, wenn wir in die Natur gehen. Weißt du, was so entspannend an

---

45 Womit Du schon wieder ein kleines Problem herangedacht hättest, stimmt's? So schnell geht das.

einem Wald wirkt? Es sind nicht die Bäume, sondern Dein problemfreies Wahrnehmen. Du stehst nicht vor einer hundert Jahre alten, knorrigen Eiche und denkst:»Dieser Baum hat aber ein fettes Problem. Er ist übergewichtig, wächst zu langsam und auch noch schief.« Nein, Du lässt die Eiche wie sie ist, und so schenkt sie Dir Einblick in ihre wahre Schönheit. Kein Urteil, keine Anstrengung. Das ist es, was Natur für uns so heilsam macht. Wir beurteilen sie nicht, sondern schauen sie offen an.

Was wäre, wenn Du heute beginnst, Dich aus Deinen Urteilen über Dich selbst und die Welt zu entlassen? Du kannst es, denn sie sind alle selbstgestrickt. Ja, natürlich gab es Autoritäten auf Deinem Weg, die Dir ihre Urteile anboten, doch Du warst es, der sie angenommen und verinnerlicht hat.

Ich plädiere nicht dafür, Dich ab jetzt nur noch sensationell toll zu finden, Dich auf eine Couch zu setzen und jegliche Entwicklung zu stoppen. Nein. Ich sage lediglich: Schau doch mal, wie sich die Phänomene Deines Lebens natürlich entwickeln, wenn Du sie von dem negativen Etikett »Das ist ein Problem« befreist.

Wie machst Du das konkret?

1. Übernimm Verantwortung dafür, dass *Du* DEN Trick anwendest. Es sind nicht die anderen, die die Phänomene in Deinem Leben zu Problemen machen, die können quasseln, was sie wollen. *Du* gibst den Dingen ihre Bedeutung.

2. Mach aus Deinem Problemdenken nicht gleich das nächste Problem, indem Du denkst, es dürfe ab jetzt nicht mehr sein.

Sieh es als eine interessante, lustige Angewohnheit Deines schöpferischen Geistes. Gewohnheiten verschwinden selten über Nacht, doch sie verkümmern, wenn Du sie nicht mehr fütterst. Das Allerschlimmste, was Deinen nervigen Macken passieren kann, ist, dass Du liebevoll über sie lachst.

3. Wenn Du Dich das nächste Mal dabei ertappst, DEN Trick anzuwenden, kämpfe nicht dagegen, sondern stelle schlaue Fragen. Zum Beispiel: Wer sagt eigentlich, dass dies zu viel/zu wenig/nicht richtig an mir ist? Woher weiß ich das so genau?

4. Wir haben für jedes unserer Probleme ein Namensetikett. Ein Trigger-Wort, mit dem die negative Bewertung verbunden ist: »O je, jetzt habe ich schon wieder *versagt*.« Probiere aus, was passiert, wenn Du dasselbe Phänomen (das, was gerade passiert) anders benennst: »Aha, jetzt habe ich es schon wieder auf meine einzigartige Art getan.«

Vielleicht meinst Du, das alles wären nur banale Tricks. Stimmt. Realität entsteht durch banale Tricks. Du bist ein Magier des schöpferischen Denkens. Du hast die Illusion eines Problems mit DEM Trick überhaupt erst erschaffen. Nun ist es an der Zeit, neue Tricks anzuwenden, um Deine Schöpfung wieder verschwinden zu lassen. Dein Geist ist mächtig. Er ist in der Lage, mit nur einer Idee die Tür zu einem neuen Universum zu öffnen. Das nächste Mal, wenn Du in diesem Universum intensiv kämpfst, leidest oder liebst, erinnere Dich daran, dass es Dein Gedanke war, der die Tür zu dieser Welt erst aufgestoßen hat.

In dem Buch *Ein Kurs in Wundern* las ich einmal einen Satz, den ich lange Zeit nicht verstanden habe. Er lautete sinngemäß: »Wenn Du gerettet wirst, ist die Welt gerettet.«

Damals habe ich gedacht: Wie kann das sein? Ich bin doch nur einer von Milliarden von Menschen. Wenn ich erwache, leiden doch immer noch so viele.

Durchschaue DEN Trick, und Du verstehst diesen Satz. Makel und Hässlichkeit existieren nur im menschlichen Denken. Rette Dich. Erwache aus dem Albtraum Deiner Unvollkommenheit und Du wirst die ganze Welt mit neuen Augen sehen.

DAS MANTRA »NA UND?«

Ganz zum Schluss unserer Reise durch die Kunst der Selbstbefreiung möchte ich noch ein sensationell wirkungsvolles Geheimrezept mit Dir teilen. Es ist ein machtvolles Mantra, das den problemgeilen Teil Deines Bewusstseins schlicht und elegant aushebelt.

Die meisten Menschen haben am inneren Stammtisch ihrer Persönlichkeitsanteile auch den ewigen Nörgler sitzen. Er versucht, Dir das Leben zu vermiesen. Der Trick des Nörglers besteht darin, Dich immer wieder in einen Dialog über Deine Schwächen, Fehler und Begrenzungen zu verwickeln. Wenn Du gerade dabei bist, Dich zu entspannen oder an eine große Vision zu glauben, schleicht er sich von hinten an Dich heran und zählt Dir leise und eindringlich all Deine Makel und Niederlagen auf. Sobald Du anfängst, mit ihm zu diskutieren, hat er gewonnen, denn es gibt natürlich immer etwas, das nicht stimmt. Diese ermüdenden Diskussionen öffnen Endlosschlaufen im Denken. Wenn Du an einer Front kurzfristig Frieden mit Dir geschlossen hast, beißt sich der Nörgler an einer anderen Schwachstelle fest. Ihm ist es egal, ob Du ihm glaubst oder widersprichst, ihn interessiert nur Deine Aufmerksamkeit, denn durch die bekommt er Energie und existiert weiter.

Mein Tipp: Versuche nicht, den Nörgler zu besiegen. Dein Widerstand nährt ihn. Setze ihn durch ein machtvolles Mantra elegant schachmatt. Das Mantra heißt: »Na, und?«

Dieses Mantra hat mich selbst und schon viele meiner Klienten stark entlastet. Jedes Mal, wenn Du mit dem inneren Nörgler diskutierst, kippst Du Öl in sein Feuer. Doch wenn Du ihm auf jedes seiner Argumente ein freundliches »Na, und?« erwiderst, läuft er ins Leere.

Probiere es aus: Der innere Nörgler, nachts kurz vorm Schlafen: »Na, hast du heute wieder nicht alle Aufgaben geschafft?«

Deine Antwort: »Ja, stimmt. Gut beobachtet von dir. Na und?«

»Alle anderen sind viel erfolgreicher als du.«

»Das mag stimmen. Na und?«

»Diese blöde Na-und-Übung ist doch Quatsch und funktioniert bei dir nicht.«

»Bestimmt hast du recht und sie funktioniert bei mir nicht. Na und?«

Und, funktioniert es?

Wie, Du merkst noch keine Wirkung?

Na und?

DIE ZAUBERWAFFE

In unserer Gesellschaft gibt es bedauerlicherweise die Tendenz, selbst die lustvollste Angelegenheit in eine ernste, verklemmte Pflichtkür zu verwandeln. Du strengst Dich an. Du hakst wie besessen Deine To-Do-Listen ab. Du stellst Dir Transformationspläne auf, rügst Dich für Deine Fehler und belohnst Dich für Deine Fortschritte. Deine Anstrengung suggeriert, dass wahnsinnig viel passiert. Doch ist das wirklich so? Kommst Du mit einem verkrampften Unterkiefer und einem Besenstiel im Hintern wirklich schneller an Dein Ziel? Und vor allem: Kannst Du den Weg dorthin genießen?

Es gibt einen Unterschied zwischen Entschlossenheit und Verbissenheit. Du kannst Dich Deinen Herausforderungen entschlossen stellen und trotzdem locker dabei bleiben. Um Dich zu entwickeln, musst Du nicht in Ernsthaftigkeit erstarren.

Verbohrte Ernsthaftigkeit ist komplett nutzlos und sogar kontraproduktiv. Wenn Du verkrampfst, fühlst Du Dich vom Leben abgeschnitten. Das führt auf Dauer zu nervösen Zuckungen, verprellten Freunden, Auffahrunfällen, Kopfschmerzen, Frigidität, Durchfall, Hautausschlag, Pusteln, Herzinfarkt, Lebensmüdigkeit, Schlafstörungen, Zwangserkrankungen, zerbrochenem Geschirr, an der Tischkante gestoßenen Schienbeinen, verkorkstem Sex und spirituellen Blockaden.

Niemand ist gern mit einem oberkorrekten Spaßverderber zusammen. Wer über sich selbst lachen kann, ist ein angenehmer Zeitgenosse. Er strahlt eine lässige Aufrichtigkeit aus und ermutigt so auch seine Umgebung, sich in die eigene Menschlichkeit hinein zu entspannen. Lachen ist heilsam. Wissenschaftliche Untersuchungen weisen eindeutig darauf hin, dass Menschen produktiver und kreativer sind und schneller lernen, wenn sie Spaß dabei haben. Der Spaß eines lebendigen Lebens besteht darin, scheinbar unüberbrückbare Gegensätze zu vereinen und den Mut zu haben, Dich immer wieder mit einem Augenzwinkern Situationen zu stellen, für die Du noch keine vorgefertigte Antwort hast. In diesem Spiel gibt es keine Garantie auf Erfolg oder Sicherheit. Aber Du hast die Freiheit, es immer wieder auf neue Weise zu versuchen.

Humor und Fehlerbereitschaft sind wie Bruder und Schwester – Geburtsbegleiter aller Innovationen. Humor hilft Dir, Dir selbst schnell zu verzeihen und nach einem Patzer schnell in den kreativen Spielmodus zurückzukehren. Ein guter Witz an der richtigen Stelle löst die Spannung in Deinem System, bringt Dich in den Moment zurück und vollbringt das Wunder, Dich alles verstehen zu lassen, ohne es verstehen zu müssen. Witz mit Tiefgang erleuchtet, inspiriert und heilt. Durch ihn kommen Schönheit, Freude und Liebe in diese Welt.

Denke immer daran, das Schlimmste, was Deinem Problem passieren kann, ist, wenn Du inmitten des peinlichen Dramas herzhaft über Dich selbst lachst. Dann kommt die ganze Bühne ins Wanken, und Du bist frei!

Tipp: Toilettenmeditation

Ein guter Platz, um damit anzufangen, ist Dein Klo. Deponiere dort eine Clownsnase. Wenn alles mal wieder so richtig dramatisch schiefläuft und Du ernsthaft an Dir selbst leidest, nimm mit heruntergelassener Hose Deinen Thron des Erwachens ein. Setze die Clownsnase auf. Jetzt stell Dir vor, das Dach fliegt weg und Du siehst aus den Weiten des Alls auf Dich herunter. Wie geht es Dir jetzt?

Wenn Du willst, häng Dir noch einen der folgenden Sprüche an die Wand, auf die Du schaust, wenn Du auf der Brille sitzt:

»Was bringt dich zum Lachen, wann immer du daran denkst?«

»Guten Morgen, hier spricht Gott. Heute kümmere ich mich um alle deine Probleme. Entspanne dich und genieße deinen Tag!«

DIE KÖNIGSDISZIPLIN

>»Du sagst, Dir fällt nichts Originelles ein?
>Mach Dir darüber keine Sorgen.
>Töpfere eine Schale, aus der Dein Bruder trinken kann.«
>(Rumi)

Das wichtigste Kapitel habe ich mir bis zum Schluss aufgehoben. Ich möchte mit Dir noch ein offenes Geheimnis teilen – für den unwahrscheinlichen Fall, dass Du noch nicht selbst darauf gekommen bist. Ich bin ein Langsamlerner und habe eine Weile gebraucht, um es zu kapieren. Viele Jahre habe ich gedacht, es gehe um mich – dabei geht es um uns! Wir sind nicht am Leben, um nur zu bekommen, sondern auch um zu geben.
Worin besteht der Zusammenhang zwischen Geben und Selbstliebe? Vielleicht klingt das, was nun kommt, anfangs widersprüchlich für Dich, ging es doch bisher immer darum, Deine Möglichkeiten voll auszukosten, Dich zu erfüllen und Dich zu lieben. Nun, darum geht es – überraschenderweise – auch beim bewussten Geben. Wie schon beschrieben, halte ich eine bewusst erlebte Entwicklungsphase der Egozentrik im Leben eines jeden Menschen für wesentlich und gesund. Ich glaube, es

ist deutlich geworden, wie wichtig es ist, dass jeder von uns lernt, seine eigenen Bedürfnisse zu achten und sich achtsam für ihre Erfüllung einzusetzen. Doch Du wirst auf Dauer keinen wahren Frieden finden, wenn Du bei der Sättigung Deines kleinen Ichs stehenbleibst. Denn damit ignorierst Du ein weiteres, existenzielles Bedürfnis von Dir: Deinen Wunsch zu dienen und im Leben eines anderen einen echten Unterschied zu machen.

Ich möchte Dir eine Überlegung anbieten, die vielleicht erst einmal etwas verrückt klingt. In den letzten Jahrzehnten entdeckten Biologen immer wieder riesige Netzwerke von Tieren (zum Beispiel Ameisenvölker) und Pflanzen beziehungsweise Pilzen (zum Beispiel unterirdische Pilzgeflechte über eine Fläche von vielen Quadratkilometern). Die Forscher fanden dabei so intelligente Formen von Zusammenarbeit und Kommunikation, dass sich die Frage aufdrängte: »Kann man in so einem Fall noch von einem Verbund voneinander getrennter Lebewesen sprechen oder handelt es sich eigentlich um ein großes Wesen? Ist vielleicht unser Begreifen der Zusammenhänge noch zu begrenzt, um die größere Einheit zu erkennen?«

Woher können wir so genau wissen, ob Du und ich getrennte Individuen sind? Könnte es sein, dass wir beide und Deine Liebsten und Deine Kollegen und Deine Nachbarn in Wahrheit hochindividualisierte, hochbewegliche Zellen eines größeren Lebewesens sind? Unsere Reise als Menschen ist noch nicht zu Ende. Etwas in uns weiß, dass wir nicht nur dieses kleine, abgekapselte Ich sind. Im bewussten Dienen wachsen wir über unsere egozentrischen Grenzen hinaus. Dienen ist aktive Bewusstseinserweiterung. Im Geben erkennen wir unsere Brüder und Schwestern als unser erweitertes Selbst.

Vielleicht hüpft Dein Herz gerade vor Freude, weil es seine tiefe Ahnung bestätigt fühlt. Mag aber auch sein, dass Du gerade denkst: »Veit, wow, du und ich, eins? Das ist mir ein zu abgefahrener Gedanke!« Beides ist okay. Doch sicher kannst Du mir zustimmen, wenn ich sage: Diese Welt ist durch Vernetzung und Globalisierung so eng geworden, dass wir merken: Wir sitzen alle im selben Boot. Wenn dem so ist, liegt es in Deinem Interesse, dass die Menschen um Dich herum glücklich sind.

Die ultimative Königsdisziplin der radikalen Selbstliebe ist daher das bewusste Dienen. Hier wendest Du alles, was Du gelernt hast, einem anderen Menschen gegenüber an. Du inspirierst ihn durch Dein Vorbild, selbst frei und groß zu denken. Du lädst ihn ein, alles zu fühlen. Du unterstützt ihn aktiv in der Erfüllung seiner Bedürfnisse. Du ermutigst ihn, sich seiner Ethik bewusst zu werden und sich in seinen Taten treu zu sein. Alles, was Du Dir selbst gönnst, schenkst Du den anderen. Alles, was Du den anderen schenkst, gönnst Du auch Dir.

Unser kleines, ängstliches Ich will vom Dienen nichts hören. Es klammert sich an den Gedanken: »Ich hab selbst noch nicht genug. Erst muss ich richtig satt sein!« Doch das ist eine Milchmädchenrechnung. Je mehr Du Dich als einen bedürftigen Konsumenten betrachtest und nur nimmst, desto ärmer wirst Du Dich fühlen, egal wie viel Du schon bekommen hast. Wie kommst Du aus dieser Falle der Gier heraus? Indem Du eines der schönsten Paradoxe des Lebens akzeptierst und lebst. Hier hast Du was zum Kopfnuss-Knacken:

Um das zu bekommen, von dem Du glaubst, dass Du es brauchst, musst Du aufhören, zu denken, dass Du es brauchst. Du musst anfangen, es zu verschenken.

Doch wie ist das möglich? Wenn Du doch manchmal so deutlich fühlst, dass Du selbst erst einmal mehr Liebe, mehr Anerkennung, mehr Reichtum etc. brauchst?

Durchschaue den Irrtum Deines Verstandes: Deine Gefühle beweisen nicht die Wirklichkeit, sondern untermauern, was Du glaubst. Solange Du denkst, bedürftig zu sein und dementsprechend reagierst, wirst Du Dich auch so fühlen. Wenn Du aus diesem Traum des Mangels erwachen möchtest, musst Du den Spieß liebevoll umdrehen. Höre auf, Dich wie ein Bedürftiger zu verhalten. Verbiete es Dir, zu jammern, zu fordern, zu geizen und zu betteln. **Handle stattdessen wie eine überfließende Quelle. Gebe. Schenke. Diene.**

Vielleicht sagst Du nun: »Ich verstehe das theoretisch. Doch ich erfahre mich nun mal oft so bedürftig. Was soll ich mit diesem Gefühl machen?« Die Antwort lautet: NICHTS! Handle wie eine überfließende Quelle, und Deine Gefühle werden Deinem Handeln langfristig folgen! Unterstütze Deine Mitmenschen, ohne etwas zurückzufordern. Verschenke Dich, wie eine Rose ihren Duft verströmt.

Natürlich sollst Du mir das nicht so einfach glauben. Mach einen Wirklichkeitstest.

ÜBUNG: Vom Bettler zum König

Probiere einen Tag lang ganz bewusst aus, was in Deinen Beziehungen und vor allem in Dir selbst geschieht, wenn Du Dich verschenkst – in Form von Aufmerksamkeit, Komplimenten, Handlungen, Liebe und materiellem Reichtum[46].

Mach es Dir zur lustvollen Aufgabe, jeden Menschen, der Dir heute begegnet, etwas reicher zurückzulassen. Die einfachste und schnellste Form, das zu tun, ist ein Lächeln. Wenn Du es intensivieren möchtest, leg ein bewusst gewähltes Kompliment obendrauf. Wen kannst Du durch eine kleine Hilfeleistung, einen Anruf oder eine Postkarte erfreuen? Bitte schließe auch die Menschen in die Übung mit ein, die Du nicht magst. Gerade hier kannst Du echte Großzügigkeit trainieren.

Du musst niemandem erzählen, warum Du dies tust. Achte einfach darauf, wie Du Dich dabei fühlst und wie Deine Mitmenschen reagieren. Es gibt viele Untersuchungen darüber, dass jede freundliche Handlung zu einer Ausschüttung von Endorphinen (Glückshormonen) und zur Stärkung des Immunsystems führt. Und zwar nicht nur bei dem, der empfängt, sondern auch bei dem, der gibt und sogar bei dem, der die positive Tat einfach nur beobachtet. Die Wirkung hält meistens noch mehrere Stunden an und beeinflusst unsere weiteren Erlebnisse an diesem Tag auf eine stärkende, öffnende Weise. Es ist

46 Wenn Du dieses Buch liest, bist Du reich. Die meisten Menschen auf diesem Planeten sind ärmer als Du.

eine ausgesprochen heilsame Erfahrung, das Leben eines anderen Menschen ein kleines bisschen reicher zu machen. Schon kleine Gesten können tief berühren, ein Blumenstrauß für die alte Nachbarin, ein freundliches Wort für den Kollegen am Arbeitsplatz, eine Postkarte des Mitgefühls für einen kranken Freund, und Du wirst Dich an diesem Tag wie ein reicher König fühlen.

Tja, und falls Du am Ende dieses Übungstages feststellst, dass er Dir gut getan hat, warum machst Du nicht einfach weiter?

Oft sparen wir unsere Großzügigkeit für ganz besondere Menschen auf. Für unsere Liebste. Für unsere Kinder. Für unsere Freunde. Diesen Menschen geben wir noch relativ gern, denn wir fühlen uns mit ihnen verbunden, nicht zuletzt, weil sie in irgendeiner Weise wichtig für uns sind. Dagegen ist nichts einzuwenden, Deine Familie, Deinen Freundeskreis und Dein Netzwerk zu stärken ist gesunder Egoismus. Doch können wir es uns leisten, hier stehen zu bleiben? Es ist essenziell für unser kollektives Überleben, die Erfahrung der Verbundenheit weiter auszudehnen. Wer gehört in Deinem »Inner Circle« und wer nicht? Wem gestattest Du, Dich mit seinem Anliegen zu berühren und wem nicht? Oder anders ausgedrückt: Wo fängst Du an und wo hörst Du auf?

Unser begrenzter Horizont über die Zusammenhänge des Lebens erweitert sich ständig. Medien wie das Fernsehen oder das Internet helfen uns, Verbindungen zu erkennen, die uns normalerweise entgehen würden. Nehmen wir einige simple Beispiele: Deine Wahl, welche Kaffeebohnen Du kaufst – die etwas teureren aus fairem Handel oder die preiswerten –, hat eine direkte Auswirkung auf die Lebensbedingungen ganz bestimmter Kaffeebauern mit ganz konkreten Schicksalen am anderen Ende der Welt. Der Mensch, den Du heute Morgen mit einem ehrlich gemeinten Kompliment verzaubert hast, geht ein wenig freudvoller in die Begegnungen seines Tages. Wer weiß, wen er heute beschenken wird, weil Du seine Seele wachgeküsst hast. Dein Herz für die Welt zu öffnen, ist nicht immer eine angenehme Erfahrung. Du schaust die Nachrichten im Fernsehen an, und Dein Herz bricht. Du kannst Dich nicht mehr abwenden, wenn Du siehst, wie jemand sein Kind anschreit. Neue Fragen tauchen auf: »Wie kann ich helfen, ohne selbst dabei zu verbrennen? Was hilft wirklich? Wo fängt meine Verantwortung an und wo hört sie auf?«

In meiner Junggesellenzeit in Berlin lebte ich Seite an Seite mit einem Alkoholiker. Er war ein friedvoller, gemütlicher Zeitgenosse und er war so, so einsam. In fünf Jahren besuchte ich ihn höchstens dreimal in seiner Wohnung. Für ihn waren diese Begegnungen echte Höhepunkte, für mich eine unangenehme Pflicht. Dieser Mann und seine Art zu leben brachten mich mit den dunklen Seiten des Lebens in Kontakt. Ich wich seinen Einladungen aus so gut ich konnte. Wir waren physisch nur durch eine Mauer voneinander getrennt, doch zwischen uns lagen Welten. Eines Tages kehrte ich von einer Reise heim und seine Wohnung war leer. Er war überraschend an Leberversagen gestorben. Dies war einer der ersten Momente in meinem Leben, in denen ich bewusst spürte, dass ich mir nicht allein gehöre. Ich hätte das Leben dieses Mannes sicher nicht verändern können, doch ich hätte ihm problemlos für einige Stunden mehr Freude schenken können. Mein Kopf konnte sich das alles rational erklären, doch ich fühlte mich beschissen. Nicht, weil ich diesem Mann etwas schuldete, sondern mir selbst.

Du kannst vielleicht nicht die ganze Welt retten, doch Du kannst würdevoll leben. Die Würde des Menschen beginnt da, wo wir uns über Gier, Angst und Groll erheben und uns gestatten zu lieben. Es ist Angst, die verhindert, dass wir wie die großzügigen Könige fühlen und handeln, als die wir geboren wurden. Wenn Du Dein Leben lang auf ihre Stimme hörst, wirst Du vielleicht sicher durchgekommen sein, doch Du wirst sterben, ohne zu wissen, wer Du wirklich bist. Du wirst sterben wie ein König, der all die Jahre träumte, ein Bettler zu sein.

EPILOG: ENDSTATION LIEBE

»Am Ende all unseres Suchens werden wir an unserem
Ausgangspunkt angelangt sein und ihn erstmals erkennen.«
(T.S. Eliot)

Wenn Du dieses Buch bis hierher gelesen hast, gehe ich davon
aus, dass Du etwas Wichtiges in Deinem Leben suchst. Was genau suchst Du? Wie lange suchst Du schon danach?

Wenn wir lange Zeit vergeblich nach etwas fahnden beziehungsweise erfolglos darum kämpfen, ist es hilfreich, für einen
Augenblick stehen zu bleiben und uns ehrlich zu fragen: »Kann
es sein, dass ich vor dem, was ich mir wünsche, Angst habe?«
Erfüllung ist nicht immer einfach auszuhalten; Erfüllung ist
auch ein Tod. Der Teil in Dir, der sich an den Zustand der Suche gewöhnt hat, muss sterben. Wenn wir dafür noch nicht bereit sind, wenn wir uns vor dem Ankommen fürchten, werden
wir weiter an Stellen nach Wasser graben, wo keines ist und
Probleme kreieren, die es eigentlich nicht gibt.

Wir reisen auf unserer Suche oft um die halbe Welt. Doch letzt-
lich läuft alles darauf hinaus, genau da anzukommen, da zu erwachen, wo Du jetzt bist. An Deinem Frühstückstisch. An Dei-

nem Arbeitsplatz. In Deinem Bett. Inmitten Deiner lärmenden Kinder. In der lauten, stinkenden U-Bahn. Im Streit mit Deinem Liebsten. An der Curry-Wurst-Bude. Im genervten Gespräch mit Deiner Schwiegermutter.

Manchmal musst Du einige Jahre bewundernd zu Füßen eines Gurus sitzen oder Dich mehrere Male verlieben, verheiraten und scheiden lassen, um zu erkennen, dass Du der Mensch bist, den Du gesucht hast. Es kommt der Tag, an dem Du erkennst, dass Du vor allem, aber nicht vor Dir selbst davonlaufen kannst. Wo sparst Du Dich noch auf, weil Du denkst, der richtige Zeitpunkt wäre noch nicht gekommen? Du sehnst Dich nach mehr Ekstase in Deinem Leben? Wach auf. Die Puzzleteile eines wunderbaren Abenteuers liegen bereits vor Dir auf dem Tisch, Du musst sie nur noch zu einem Bild zusammenlegen. Was noch fehlt, ist Dein JA! Wenn Du Dich Deinem Leben hingibst, genau so, wie es ist, hat alles plötzlich seinen Sinn. Es mag verrückt klingen, doch wenn Du Dich wirklich auf Dich einlässt, entdeckst Du den Zauber des Lebens auch in Deiner Steuerabrechnung, der vollgeschissenen Windel Deines Kindes und dem Schmerz in Deiner Brust.

Ein Teil von uns hat sich sehr mit der Suche identifiziert. Dieser Teil muss sterben, wenn wir in uns zur Ruhe kommen wollen. Wenn dies geschieht, wird es still. Wenn Du weißt, wer Du bist, findest Du Dich in allem wieder. Du entdeckst den Ozean, an dem Du leben wolltest, in einem winzigen, funkelnden Tropfen am Wasserhahn Deines Spülbeckens. Du brauchst keine LSD-Trips mehr, denn mit Deinem Hund Gassi zu gehen, auf einem winzig kleinen, grün-blauen Planeten, inmitten eines riesigen Universum ist ein wahrhaft atemberaubender Trip. Dein Leben braucht Dich, um gelebt zu werden. Es sehnt sich nach einem aufmerksamen Zeugen seiner Wunder. Der heutige Tag wird so nie wieder kommen. Wie willst Du ihn erleben? Es ist Deine Entscheidung. Du kannst aus dem Fenster schauen und beschließen, dass heute noch nicht der perfekte Zeitpunkt ist, um Dir und Deinen Mitmenschen alles zu geben. Oder Du wählst, diesen Moment perfekt zu machen, indem Du ihm Dein JA! schenkst.

Manche Menschen laufen mit einer mürrischen Fresse herum, als schulde ihnen das Leben etwas. Ich glaube, dass wir dem Leben etwas schulden. **Wir sind hier, um ein Versprechen einzulösen. Wir sind hier, um zu lieben.** Ich rede nicht von Liebe als einer romantischen oder esoterischen Idee, sondern als konkrete, berührbare, in Fleisch inkarnierte Güte. Wir sind hier, um in unserer vollen Großherzigkeit zu erwachen.

Noch immer haben es Skeptiker leicht, mehr Beweise gegen als für den Menschen zu finden. In diesem Sinne bin ich ein sturer Verrückter, ein Narr, ein Gläubiger, ein begeisterter Fan Deiner und meiner Möglichkeiten. Ich glaube daran, dass die Welt uns braucht und dass wir sie durch Liebe retten können. Ich glaube an eine sanfte Revolution im Einzelnen. Ich glaube daran, dass Du, genau Du! für alle Menschen ungeheuer wichtig bist. Sie brauchen Dich. Sie brauchen Deine Liebe.

Hältst Du Deine Liebe noch zurück? Wartest Du noch auf etwas? Kann es sein, dass der Startschuss schon gefallen ist und

Du ihn vielleicht überhört hast? Oder glaubst Du, dass Du nichts zu geben hast? Egal, für wie unvollkommen und neurotisch Du Dich hältst, Du kannst Deinem Mitmenschen die Hand reichen, indem Du Verantwortung für Dich und Deine Gefühle übernimmst. Du hast ja keine Ahnung, wie sehr Du alle um Dich herum damit entlastest und stärkst! Du reichst die Hand, indem Du ehrlich und offen zu Deinen Bedürfnissen stehst und Dich darum kümmerst. Du beschenkst Deine Mitmenschen über alle Maßen, indem Du ihnen wirklich zuhörst. Ja, in unserer reizüberfluteten Welt wirst Du zum Heiler der Herzen, allein nur, indem Du offen zuhörst.

Vielleicht herrscht gerade das völlige Chaos in Deinem Leben. Na und. Dennoch, oder gerade deshalb, kannst Du heute den Tag eines anderen Menschen retten, indem Du ihm einen Kaffee spendierst.

Die Skeptiker glauben, es sei zu spät. Sie sagen: »Schau dir die Nachrichten an. Wir schaffen es einfach nicht. Wir lernen nicht schnell genug.« Die Narren sagen: »Na und! Wenn morgen die Welt untergeht, möchte ich heute noch jemanden zu einem Lächeln verführen.« Die Realisten sagen, und dazu zähle ich mich: »Wir wissen nicht genug, um Propheten des Untergangs zu sein.«

Was, wenn die schmerzhaften Turbulenzen, die Du bis jetzt erlebt hast, nur die Geburtswehen eines wunderschönen Wesens sind? **Was wäre, wenn Du wählen würdest zu vertrauen?** Was wäre, wenn Du beginnen würdest, Deine menschliche Reise in all ihren Facetten zu genießen?

Ich bin kein Christ im offiziell-religiösen Sinn. Ich glaube nicht, dass die Geschichten, wie sie in der Bibel stehen, wortwörtlich so stattgefunden haben. Allerdings halte ich die Essenz der Geschichte von Jesus für eine der schönsten Mythen der Menschheit: ein einfacher Mensch, der aufhört zu warten und anstatt dessen den Ruf der Liebe absolut persönlich nimmt. Ein Mensch, der mit beiden Füßen fest auf dem Boden bleibt und gleichzeitig nach dem Höchsten greift. Ein Mensch, der die Liebe konsequent von allen Dogmen befreit und sie in die dunkelsten Winkel der Welt bringt.

Geschichten wie die des einfachen Menschen Jesus sind nicht auf einer konkreten Ebene zu deuten. Sie enthalten eine verschlüsselte Botschaft, mit der die kollektive Seele Dir und mir etwas vermitteln möchte. Was also, wenn mit dem zweiten Kommen des Menschensohns kein außerirdisch-perfekter Messias gemeint ist, sondern Du? Ja, Du. In Deiner ganzen menschlichen Unvollkommenheit. Was, wenn all Deine Beziehungen auf Dein Kommen warten?

Höre auf zu warten. Heirate Dich und dann heirate Deine Mitmenschen. Beginne zu lieben. Liebe ganz konkret und praktisch. Heute, morgen und übermorgen. Beginne mit Dir und dann öffne Dein Herz für alle um Dich herum. Wenn Du Dich achtest, kannst Du gar nicht anders, als auch Deinen Mitmenschen mit Achtung zu begegnen. Wenn Du Dich verstehst, verstehst Du sie. Wenn Du Dich wirklich findest, kannst Du ihnen zum ersten Male begegnen.

Bitte halte Deine Liebe nicht mehr zurück.

Das ist schon alles.

Du hast so viel zu geben, nicht wahr? Verschenke Deine Liebe, damit sie sich vermehrt.

Beginne heute, frei und tief zu lieben. Beschenke jeden Menschen, der Dir heute begegnet, mit der zartesten, wildesten, wachsten und großherzigsten Version Deiner Selbst.

Genieße Deine unbegreifliche, menschliche Reise und traue Dich, für andere Wesen bemerkenswert und wichtig zu sein!

In tiefer Achtung vor Deiner Fähigkeit,
Dich und uns alle zu lieben,
Veit

ANHANG

Heirate-Dich-Selbst.de

Die Webseite zum Buch. Ich habe Dir zur Vertiefung einzelner Themen umfangreiches Zusatzmaterial auf der Webseite des Buches zur Verfügung gestellt. Dort findest Du auch eine Liste mit hier erwähnten Büchern und Buchtipps zur Vertiefung. Geh dafür einfach auf www.heirate-dich-selbst.de zum internen Lesebereich und gib dort als Passwort »ichliebemich« ein.

Danke

Dieses Buch hatte wunderbare Geburtshelfer. Da wäre zuerst das Leben selbst. Seit 43 Jahren bietet es mir in den verschiedensten Lektionen – harten und weichen, stillen und lauten – nur eine zentrale Lernaufgabe an: mich und somit auch Dich vollkommen annehmen, erkennen und lieben zu lernen. Doch ich möchte mich hier an dieser Stelle besonders bei den menschlichen Geburtshelfern bedanken. Bei meinem Freund Mike Kuhlmann. Ich liebe dich und deine Art zu dienen. Ohne dein Insistieren hätte ich nicht begonnen, dieses Buch zu schreiben. Meinen herzlichsten Dank an das ganze Team von Randomhouse. Ich war skeptisch, ob es dem Buch gut tut, wenn ich es an einen großen Verlag »abgebe«. Doch ich habe so viel Unterstützung und frische Offenheit erfahren. Das macht Freude! Ein ganz großes Dankeschön an Anne Nordmann, meine Lektorin. Ja, du hattest Recht. Ich habe bei manchen deiner Kommentare gestöhnt. ;-) Doch jeder davon war ungemein wertvoll und hat dem Buch wirklich gut getan. Und immer wieder meiner Frau. Dafür, dass du mich ausgehalten hast, als ich mit mir selbst so stark im Krieg stand. Dafür, dass du jetzt mit mir die Liebe feierst. Besonders möchte ich mich bei den Lesern meines ersten Buches, »SeelenGevögelt«, bedanken. Es ist eure Begeisterung, eure starke Antwort, die mich ermutigt haben, wieder so früh am Morgen aufzustehen und zu schreiben. Denn ich weiß jetzt: Wenn dieses Buch auch nur ein Leben auf Seelenebene berührt, war es GUT, es in die Welt zu bringen. Ein stilles Dankeschön an Dich, den Leser. Danke, dass Du mir die Gelegenheit gegeben hast, zu Dir zu sprechen. Es ist schön, dass es Dich gibt.

Die geführten Meditationen auf der CD

Viele in diesem Buch angesprochenen Qualitäten kann man nicht nur intellektuell begreifen, sondern muss sie auch fühlen. Die drei geführten Meditationen unterstützen Dich dabei.

Bitte höre sie nicht, wenn Du eine Tätigkeit, wie zum Beispiel Autofahren, ausübst. Ich empfehle Dir, sie in einem stillen, geschützten Ambiente (kein Telefon, Türklingeln …) zu hören. Die Meditationen sind nicht als Ersatz für therapeutische und medizinische Leistungen gedacht. Wenn Du gerade eine Form von psychischer oder neurologischer Krankheit zu meistern hast bzw. Dich in psychotherapeutischer Behandlung befindest, schlage ich Dir vor, zuerst Deinen Arzt oder Therapeuten zu konsultieren und die CDs mit seiner Begleitung zu nutzen.

Das große Herz
ca. 35 Min.
Inhalt: Deine ungeliebten Aspekte verstehen und annehmen. Mit Dir in Frieden kommen. Alles, was Du bist, im großen Herzen der Selbstliebe willkommen heißen.

Der stille Bergsee
ca. 24 Min.
Inhalt: Den Zustand geistiger Klarheit kultivieren. Probleme durchschauen und auflösen. Erkennen, was Dir gut tut.

In Liebe baden
ca. 16 Min.
Inhalt: Lerne, positive Gefühle bewusst und unter allen Lebensumständen zu erzeugen und gönne Dir im Alltag ein energetisierendes Bad in Liebe.

ZUM AUTOR

Veit Lindau, geboren 1969, wirkt als Trainer, Speaker und Autor. Er versteht sich als ganzheitlicher Reformer, Businesspunk und Freigeist. Er gilt im deutschsprachigen Raum als Experte für eine integrale Selbstverwirklichung des Menschen. Seine Bestseller sind präzise, kompromisslose und gleichzeitig humorvolle Weckrufe, der unermesslich wertvolle Chance des eigenen Lebens voll zu nehmen.

Mehr zu Veit ...

Live Events mit Veit Lindau: www.veitlindau.com

Sein Angebot, ein Jahr mit ihm zu wachsen und zu forschen: www.humantrust.com

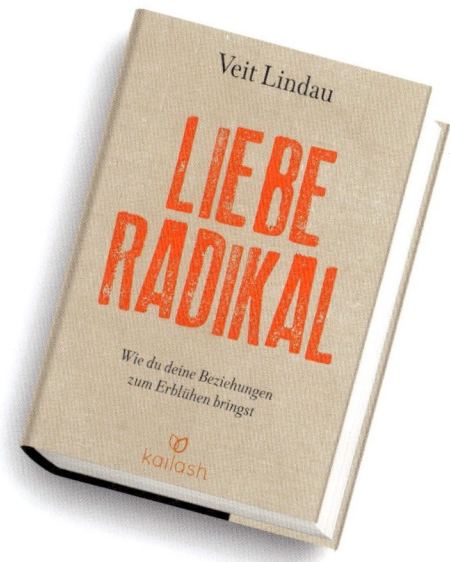